· 基于综合实践活动的生涯教育系列丛书
· 重庆市普通高中教育教学改革研究重大课题（2019CQJWGZ1004）成果
· 中共重庆市委教育工作委员会中小学校党建重点课题（24SKZXXDJ009）成果
· 重庆市教育委员会批准精品选修课程“快易网球”成果
· 重庆市普通高中校本教研基地成果
· 重庆市首批中小学“支点”创新实验室成果

玩转快易网球

总主编◎欧　健　张　勇
主　编◎马　钊　雷　婧

西南大学出版社
国家一级出版社　全国百佳图书出版单位

图书在版编目(CIP)数据

玩转快易网球 / 马钊, 雷婧主编. -- 重庆 : 西南大学出版社, 2024. 10. -- (附中文丛). -- ISBN 978-7-5697-2587-2

Ⅰ. G845

中国国家版本馆CIP数据核字第20245RG354号

玩转快易网球

WANZHUAN KUAI YI WANGQIU

主　编　马　钊　雷　婧

策划编辑：王　宁　尤国琴
责任编辑：万劲松
责任校对：张　庆
装帧设计：闰江文化
排　　版：张　艳
出版发行：西南大学出版社（原西南师范大学出版社）
　　　　　地址：重庆市北碚区天生路2号
　　　　　邮编：400715
印　　刷：重庆市圣立印刷有限公司
成品尺寸：185 mm×260 mm
印　　张：8.5
字　　数：159千字
版　　次：2024年10月　第1版
印　　次：2024年10月　第1次印刷
书　　号：ISBN 978-7-5697-2587-2
定　　价：23.80元

编审委员会

编写委员会

新高考改革，出发点就是让学生拥有自主选择、自我负责的学习权。此种导向要求中学进行育人方式的变革，为学生开设生涯教育的课程，给予学生人生规划的指导，引导学生认知自己，明确自己的兴趣、性格、优势、价值取向，让学生以此为基础认识外界，更好地为自己设立生涯目标，并根据已拥有的资源实现目标。“基于综合实践活动的生涯教育”系列丛书，正是西南大学附属中学先于国家政策试点，通过不懈的实践探索，收获的基于综合实践活动推进生涯教育的特色研究成果。

如何通过生涯规划课程引导学生学会自主选择，这一重要议题为我国教育改革与发展开拓了一个新的领域。“基于综合实践活动的生涯教育”系列丛书，从实践的角度架构了基于综合实践活动的生涯教育的基本框架，为服务于学生发展的育人模式的构建、学校教育品质的提升和学校实践改革的推进提供了重要启示，具有开拓意义。

第一，该套文丛的目标定位和内容选择，是以“帮助学生找到人生方向”为根本宗旨，贯穿初高中，培养个体人生规划意识与技能，指导学生学会学习、学会选择，在充分认识自我和理解社会的基础上，平衡个人发展和社会发展的需求，初步设计合理的人生发展路径，促进个体生涯发展，提升生涯素养。

第二，文丛的设计与安排，坚守“学生是学习与发展的主体”这一根本理念，初高中分阶段相互衔接，进行一体化设计；通过活动为学生搭建主动选择的平台，以研究性学习、社区服务、社会实践、研学旅行、设计制作、职业体验等综合实践活动为载体，引导学生在活动中明确人生奋斗目标并激发生涯学习动力，并不是简单地为学生提供品类繁多的“超市商品”让学生选择。

第三，学校还开发了《传统武术奠基康勇人生》《食育与健康生活》《生物实践与创意生活》《数学视角看生活经济》《水科技与可持续发展》《乡土地理和家国情怀》等配套文丛，结合校内外的学习实践和生活实践，将基于综合实践活动的生涯教育理论渗透到学科课程中，为学生生涯发展提供重要教育平台和资源，弥补学生社会经历缺乏、生活经验不足、实践体验机会太少等生涯教育短板，促进生涯教育过程性和动态性发展。主体文丛和辅助文丛相辅相助，将生涯教育和综合实践活动有效融合，让学生在沉浸式的体验中感知自己、认知职业、畅想未来。

第四，文丛贴近学生，语言平实生动，联系初高中生活学习实际，通俗易懂；图文并茂，既有趣味的活动设计，又有学生实践的光影记录，观之可亲。学生可从课堂内的探索活动、课堂外的校本实践中深刻体验生涯力量，还可在教师的引导下从活动链接中习得生涯领域的重要概念及理论，为未来的生涯发展做好积累。

总体而言，整套文丛以综合实践活动为基础，融入学科课程和劳动教育，以提升学生生涯规划能力为目的，不断强化适合生涯发展的认知能力、合作能力、创新能力、职业能力，力图帮助学生适应并服务于社会，获得终身学习、终身幸福的能力。

教书育人在细微处，学生成长在实践中。本套文丛的出版，将丰富生涯教育的承载形式，为中小学开展并落实基于综合实践活动的生涯教育提供可借鉴的案例，有效加强中学生生涯教育，促进学生全面发展、终身发展和个性发展。希望广大学生也可以像西南大学附属中学学生一样，在最适合的时候遇到最美的自己，希望更多的学校像西南大学附属中学一样为学生一生的生涯幸福奠基，让他们成长为自己满意的样子。

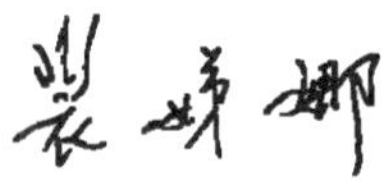

（北京师范大学资深教授，博士生导师，当代教育名家，
中国课程与教学论领军人物，全国教学论专业委员会主任）

寒来暑往，西南大学附属中学在生涯教育这片热土上已躬耕二十余年。多年实践让我们相信，学校的课程、活动、校本读本都应回到问题的原点：什么是教育？

教育，是将自然人培养成社会人的过程，是帮助每一个孩子认识自己、发现自己，让他既能成长为自己心中最美的样子，又能符合国家、社会对人才的需求。

因此，我们希望实现这样一种生涯教育：让学生有智慧地参与综合实践活动，从活动中生发智慧；让学生有德性地参与综合实践活动，在活动中完善德性；让学生带着对美的追求参与到活动中，在活动中提升创造美的能力。一个拥有智慧与德性，能够欣赏美、创造美的个体，定然能够在瞬息万变的世界里立定脚跟，也能够在喧喧嚷嚷中细心呵护一枝蔷薇。

秉持这样的理念，我们编写了“基于综合实践活动的生涯教育”系列丛书，着力帮助学生更好地适应未来不同阶段的身份、角色。希望学习此书的孩子们，不必因为不懂自己、不明环境、不会选择而错失遇见最美自己的机会。请打开这些书，热情地投入到探索活动中，感知自己的心跳起伏，喜恶悲欣；细细品读每个生涯故事，观察他人的生活，触碰更多可能；更要在校本实践中交流碰撞，磨砺成长……这些书将是孩子们生涯成长路上的小伙伴，陪在身旁，给予力量。希望大家从此学会学习，学会选择，学会生活。

基于综合实践活动的生涯教育是为幸福人生奠基的教育。我相信，当每一个个体恰如其分地成长为自己所喜欢的样子，拥有人生幸福的能力，就同样能为他人带来幸福，为社会创造福祉，为国家幸福而不断奋斗！

欧健
（教育博士，正高级教师，西南大学附属中学党委书记）

目录

CONTENTS

第一章

什么是“快易网球”

本章重点探讨了网球与“快易网球”的发展脉络，同时介绍了相关器材与场地的特点。网球运动是一项在特定场地内进行的隔网竞技运动，属于隔网对抗类小球项目。其高速的球速、厚重的球拍以及宽阔的球场面积，均为初学者掌握网球技能设置了不小的障碍，从而加大了入门的难度。而快易网球则是对传统网球教学模式的创新与突破。快易网球通过优化器材和场地设计，采用适宜的球、轻量化的球拍以及缩小球场规模的方式，成功打破了网球学习必须依赖标准化器材及设施的局限。如今，即便是在篮球场等空旷场地，人们都能够通过短式网球隔网以及地贴标志物进行网球练习。这一创新举措使得网球运动得以走进更多学校，为更多孩子提供接触和体验网球项目的机会。

网球的起源与发展

一、网球的起源及其早期的流行活动

网球运动的历史轨迹及演变，可以简要概括为：它最初在法国孕育成形，随后在英国正式诞生，之后在美国开始广泛普及并形成热潮，如今则风靡全球、广受喜爱。网球的起源可追溯至12至13世纪的法国，当时它以一种名为“掌击球”的游戏形式出现，后来逐渐发展成为今日我们所熟知的网球运动。

▶图1-1-1　12至13世纪的网球

这种游戏在修道院和法国宫廷中备受欢迎，随后在1358年至1360年间从法国传至英国。英国国王爱德华三世对网球情有独钟，并在宫廷内建起一处室内球场。随着时光推移和技术不断进步，古式网球逐渐演变成一项户外运动，并在欧洲尤其是英国得到了广泛推广。如今，我们使用的网球依然保持着柔软的绒面质地。

15世纪时，用手击球的方式逐渐被板拍击球所取代，进而促进了板拍和球拍的发展。最初，皇家贵族们使用皮制手套击球，但随着时间的推移，手套逐渐演变成板拍，而板拍又很快被蒙着羊皮的木制球拍所替代。与此同时，为了更清楚地发现球从绳子下方经过，场地中间的绳子上增加了无数短绳子垂向地面。到了17世纪初，场地中间的绳帘被替换为小方格网子，使得球不会穿网而过而是直接落入网下，更便于进行判罚。同时，球拍也改进为穿线的球拍，更加便于击球。

1873年，英国少校温菲尔德从羽毛球运动中汲取灵感，设计了一种男女均可参与且适合户外进行的网球运动，命名为“司法泰克”(Sphairistike)运动。1875年，这项运动在“8”字形球场上风靡起来，全英槌球俱乐部在槌球场旁另设了一片草地网球场。随后，古式网球的权威组织者玛利博恩板球俱乐部为这项运动制定了详细的规则。

1877年，全英草地网球男子单打锦标赛的举办，标志着后来闻名遐迩的温布尔登网球赛的前身诞生。19世纪后期，网球运动逐渐传入美国，并逐渐在全球范围内普及开来，成为世界第二大球类运动。

▶图-1-2　19世纪的网球比赛

二、网球运动的发展概况

1881年，美国全国草地网球协会正式成立，这是全球首个全国性的网球协会。同年的8月31日至9月3日，该协会在罗得岛纽波特港举办了首届美国草地网球男子单打和男子双打锦标赛，此次比赛采用了温布尔顿的比赛规则，共有26位选手参赛。最终，理查兹·西尔斯摘得单打桂冠，并在随后的七年中连续称霸；而克拉克与泰勒则携手夺得双打冠军。

在接下来的几年里，各类网球赛事纷纷涌现。1887年，美国举办了首届草地网球女子单打锦标赛；1890年，女子双打锦标赛也应运而生；而到了1892年，混合双打锦标赛也成功举办。当时的美国总统西奥多·罗斯福对网球运动情有独钟，他积极支持网球场的建设和网球比赛的举办，甚至经常在白宫球场上邀请朋友一同挥拍。因此，他被誉为“网球内阁”，在他的推动下，美国的网球运动得到了迅猛的发展。值得一提的是，在两次世界大战期间，全球网球赛事一度停摆，唯有美国的网球比赛依旧进行，使得美国的网球运动达到了 个惊人的高峰，竟有4000万人投身于这项运动之中。

▶图1-1-3 19世纪的网球混合双打比赛

▶图1-1-4　19世纪的网球混合双打比赛二

▶图1-1-5　女子网球活动合影

当时,热爱网球的人群主要集中于富裕的资产阶级之中。他们凭借优越的条件,得以在自家的草坪上随时搭建网球场,并作为社交活动的场所。到了19世纪90年代中期,网球运动迎来了初步发展的阶段,众多国家和地区纷纷成立网球协会,并定期举办比赛。

▶图1-1-6 19世纪草地网球比赛

1913年,国际网球联合会在法国巴黎正式成立,这一组织迅速崛起为世界网球的巅峰权威。它的诞生为网球的蓬勃发展注入了前所未有的活力。自20世纪70年代起,随着各项赛事的相继启动,网球运动进入了迅猛发展的黄金时期。值得一提的是,早在1896年雅典举办的首届奥运会上,网球的男子单打和双打便已被列为正式比赛项目。然而,由于国际奥委会与国际网球联合会在“业余运动员”定义上的分歧,网球项目一度从奥运会中消失。尽管在此之前,网球已经连续7年作为奥运赛事的组成部分。幸运的是,在1984年洛杉矶奥运会上,网球作为表演项目重获新生。直至1988年的汉城奥运会,网球终于重新回归正式比赛项目之列。

历经数百年的演变,网球运动已经从最初仅限于室内贵族的娱乐活动,发展成为一项广受欢迎的球类运动。无论是业余爱好者还是职业选手,都能在网球场上尽情挥洒汗水,体验运动带来的无尽乐趣。此外,网球运动还孕育了众多杰出的运动员,他们在国际赛场上为国家和个人荣誉而战,不断刷新着网球运动的历史纪录。

三、我国网球运动的发展

网球运动在1885年前后传入我国，主要在沿海城市及外籍人士聚居地流行。当时，网球运动被视为一项贵族运动，由于场地稀缺、费用高昂，以及装备价格不菲，参与者多为社会精英及外籍人士。

1920年至1949年，全国各地纷纷成立网球组织，并举办各类赛事，网球运动逐渐在我国普及开来。然而，1949年后，受体育政策影响，网球运动的发展一度陷入停滞，未能得到足够的重视。

直至1978年改革开放后，网球运动逐渐复兴。我国开始恢复参与国际网球赛事，并派遣运动员赴国外进行训练。尽管初期成绩并不显著，但这些运动员带回了先进的训练理念和方法，为日后网球运动的蓬勃发展奠定了坚实基础。

自1990年起，我国网球运动取得了显著进步。得益于各级政府和社会各界的支持，网球基础设施建设日益完善，运动员的竞技水平也稳步提升。郑洁、李娜等世界级选手的涌现，使得中国网球在国际赛场上崭露头角。

1994年，在日本广岛亚运会上，夏嘉平与李芳联手摘得网球混合双打金牌，为国争光。网球男单半决赛赛程因台风被挤压，潘兵一天三赛，苦战8小时，最终成功卫冕金牌，成为迄今唯一蝉联亚运会网球男单金牌的选手。

1998年，在泰国曼谷举行的第13届亚运会上，即将退役的陈莉与李芳搭档，勇夺网球女双金牌，实现了中国队在该项目上的历史性突破。

2001年，李娜在北京举行的世界大学生夏季运动会上大放异彩，一举夺得女单、女双及混双三项冠军，展现了其全面的实力。

2004年，李婷与孙甜甜在雅典奥运会上勇夺女双金牌，这是中国女子网球运动员首次在奥运赛场上摘得金牌，为国家赢得了荣誉。

2006年，郑洁与晏紫在澳网女双比赛中连续闯入四强和决赛，最终击败赛会头号种子夺得冠军，创造了中国选手在四大满贯赛双打赛场的最佳战绩。同年，李娜在温布尔登网球锦标赛中连续战胜强敌，闯入八强，刷新了中国选手在单打赛场的最佳战绩。同年，在多哈亚运会上，郑洁在网球女单决赛中力克印度选手米尔扎，勇夺金牌，再次为国争光。

2008年，郑洁以第133位的世界排名及外卡球员身份参加温网比赛，在赛场上接连击败包括世界第一伊万诺维奇在内的5位强敌，闯入四强，创造了中国选手在大满贯赛事中的最佳战绩。

2010年,李娜与郑洁双双闯入澳大利亚网球公开赛四强,创造了中国选手在澳网的最佳战绩,同时这也是中国运动员首次在澳网女单四强中占据两席。

2011年,李娜在法国网球公开赛上夺得女子单打冠军,成为中国第一位获得该项大满贯赛事单打冠军的选手。

2014年,李娜在澳大利亚网球公开赛上夺得女子单打冠军,展现了她的卓越实力。同年,在第17届仁川亚运会网球女单决赛中,中国选手王蔷以2:0战胜泰国选手库姆淳,夺得金牌,实现了中国网球在该项目上的三连冠壮举。

2018年,在雅加达亚运会网球女双决赛中,徐一璠与杨钊煊挽救两个赛点,以精彩的表现击败詹咏然与詹皓晴,夺得冠军。这是中国队时隔12年再次夺得亚运会女双冠军,也是中国网球历史上第三次在该项目登顶。

2019年,在澳大利亚网球公开赛女双决赛中,张帅与斯托瑟携手,成功击败了卫冕冠军巴博斯与梅拉德诺维奇,首次共同捧起了大满贯冠军的奖杯。这一胜利也标志着张帅成为中国历史上第六位荣膺大满贯桂冠的金花选手,更是自2006年以来首位夺得澳网女双冠军的中国选手。

2020年,郑钦文在国际网联巡回赛科尔德农斯站夺得成人赛首个冠军。

2021年,张帅再度携手澳大利亚搭档斯托瑟,经过三盘艰苦的较量,成功夺得2021年美网女双冠军,这一成就使她成为首位在美网成人组赛场获得冠军的中国选手。

2023年1月,在澳大利亚网球公开赛上,中国军团更是创下了多项令人瞩目的纪录。共有10位中国选手亮相单打赛场,其中包括3位男选手和7位女选手,这是中国选手参加澳网正赛单打人数之最。张帅和朱琳携手闯入女单16强,而商竣程则创下了中国大陆男选手在澳网男单正赛中的首胜纪录。同年2月,吴易昺在达拉斯公开赛上接连战胜丹尼斯·沙波瓦洛夫、泰勒·弗里茨和约翰·伊斯内尔,夺得巡回赛首冠,成为中国首位ATP巡回赛男单冠军网球选手,为中国网球再添新荣誉。5月,张之臻在ATP马德里大师赛中表现出色,成功打入八强,成为首位闯入大师赛八强的中国大陆男子网球运动员,并在比赛中取得个人首胜、世界前十的佳绩。6月,在法国网球公开赛中,张之臻再次展现出不俗的实力,成功打入男单三十二强,这一成绩创下了公开赛年代以来中国男子球员在法网单打的最好成绩;同时,中国队"小花"王欣瑜和中国台北老将谢淑薇也经过艰苦的比赛,以2:1逆转赛会10号种子费尔南德斯与汤森德组合，成功夺得法网女双冠军。8月，在成都第31届世界大学生夏季运动会的网球项目女单决赛中，郭涵煜成功摘得女单桂冠，这标志着自2001年李娜夺得世界大学生运动会女单冠军后，时隔22年，中国再次迎来了一位在大运会网球女单项目中夺冠的选手。9月，在杭州亚运会比赛中，中国亚运网球队更是表现出色，包揽了两枚分量最重的单打金牌，并以2金1银的成绩圆满结束了本届亚运会。其中，郑钦文和朱琳分别获得女单冠亚军，而张之臻则战胜日本选手绵贯阳介，为中国男网时隔29年再次夺得亚运男单金牌，为中国网球再添辉煌。

2024年，是中国网球里程碑的一年。郑钦文在巴黎奥运会上勇夺女子单打金牌，这不仅是中国网球在奥运会女子单打项目中的首枚金牌，更是一个历史性的突破。同样值得骄傲的是，张之臻与王欣瑜的组合在本届奥运会上摘得了混双银牌，他们也是中国第一对挺进奥运会网球混双决赛的组合。

随着市场经济的日益深化，中国网球运动正逐步迈向职业化的道路。在赛事组织、运动员培养以及赞助商合作等多个方面，中国正逐步与国际标准接轨。如今，我国已成功举办了诸如中国网球公开赛、上海大师赛、武汉网球公开赛、珠海WTA超级精英赛、广州国际女子网球公开赛以及深圳国际女子网球公开赛等一系列国际性网球赛事。这些赛事不仅让中国网球市场成为世界顶级选手的重要竞技场，还吸引了众多国际知名选手前来参赛，极大地推动了网球文化在我国各地区的蓬勃发展。

总体来看，中国网球运动经历了从早期的传播、发展、停滞、重启到如今的快速发展和职业化的历程。尽管我们在竞技水平上与世界顶级选手还存在一定的差距，但不可否认的是，中国网球运动在各个方面都已取得了显著的成果。

“快易网球”的起源与发展

自 2002 年起，一支由 10 个国家的高级教练和专家组成的团队，致力于研究如何通过激发初学者的兴趣，来帮助他们更轻松地掌握网球技巧。该团队汲取了美国 Quick Start 等的网球培训推广理念和方法的精髓，并得出结论：要增加网球人口，关键在于解决网球爱好者，特别是初学者流失的问题。

2007 年，国际网球联合会（ITF）在突尼斯举行的年度会员大会上，中国等 37 个国家和地区的网球代表共同投票通过了“Tennis Play & Stay”网球推广计划。该计划旨在解决网球初学者流失问题，帮助他们更容易地掌握网球技术，从而在全球范围内更好地推广网球运动。2008 年，在中国网球协会的积极推动下，这一计划正式落地中国，并命名为“快易网球”。

Tennis Play & Stay（快易网球）采用三色网球教学。它轻松易懂，简单易学，无需长时间的适应过程，初学者可迅速融入其中。快易和乐享两大理念完美契合了网球爱好者的核心需求：一方面，初学者能够通过快速、有效、易于接受的方式掌握网球技能，是为“快易”；另一方面，在掌握基本技能后，爱好者们能够参与到充足、适当的比赛中，体验排名和同级别对抗带来的乐趣，并在实践中不断提高自己的网球运动水平，是为“乐享”。

随着网球运动的日益普及和人们对健康生活方式的向往，快易网球也在不断创新发展，其课程内容和教学方法不断得到丰富和优化。同时，许多国家和地区还结合自身的实际情况，对快易网球进行了本土化改进，使其更加贴近当地初学者的需求。如今，快易网球已经深入世界各地的网球俱乐部、学校和社区，吸引了大量初学者积极参与。

总的来说，快易网球作为一种简化的网球教学方法，自诞生以来便不断发展和壮大。如今，它已经成为全球最受欢迎的网球入门教学方法之一，为更多人提供了接触和掌握网球技能的机会。展望未来，快易网球将继续秉持创新发展的理念，为全球网球事业贡献更多力量。

器材、场地介绍

一、认识网球拍

（一）网球拍的发展历程

网球拍的发展，简而言之，就是从“赤手空拳”到“全副武装”的演变过程。

徒手时代：网球运动起源于法国，那时还没有专门的网球拍。网球由羊皮包裹羊毛或其他动物毛发制成，人们直接使用手掌击球。然而，这种击球方式会导致手掌红肿疼痛。为了保护手部，人们开始使用专用的网球手套，以减少对手掌的冲击。

木质时代：随着时间的推移，网球运动逐渐发展壮大。1874年，英国人温菲尔德制造出了第一款真正的木质网球拍，这标志着网球运动的革命性进步。这种木质球拍以木头为拍身，羊肠为拍弦，其耐用性和击球效果都有了显著提升。因此，木质球拍在此之后沿用了一个世纪之久。然而，由于拍身和拍弦的制作过程烦琐且成本高昂，这种球拍在当时并未普及到每个网球爱好者手中。

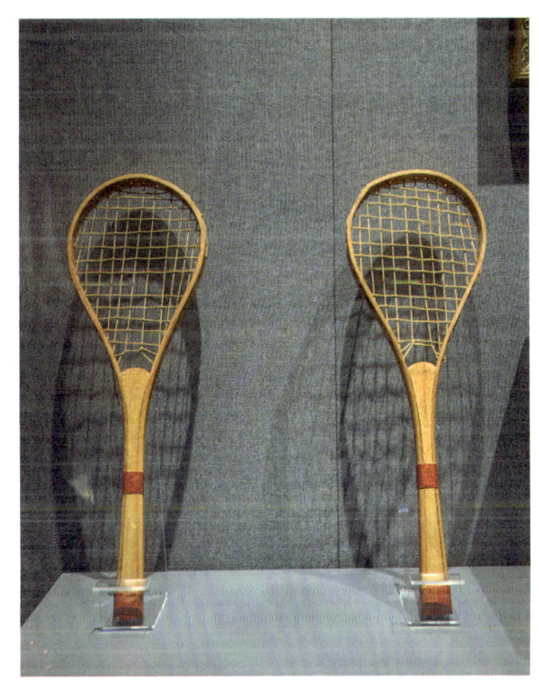
▶图1-3-1　木质球拍

金属时代：木质球拍存在显著的不足，那就是容易受潮变形。然而，随着工业革命的蓬勃兴起，制造业得到了前所未有的发展，网球拍也随之实现了从木质到铁或铝制材质的飞跃。1967年，美国威尔胜公司推出了第一把铁制网球拍，自此，金属便取代了木质，成为制造网球拍的主流材料。而威尔胜公司也凭借这一创新，逐渐发展成为全球领先的网球拍制造商。

复合材料时代：科技的飞速发展推动了网球拍材质的进一步革新。如今的网球拍广泛采用碳纤维、钛合金等高强度复合材料，不仅显著减轻了球拍的重量，还大幅提升了其耐用性。

目前市场上主流的网球拍材质主要有三种：全碳素网球拍，以其出色的弹性和韧性而著称，虽然价格偏高，但深受专业选手和资深业余爱好者的青睐；碳复合网球拍，以其适中的价格和良好的性能，成为初学者的理想选择；铝合金网球拍，因其低廉的价格，成为家庭娱乐市场的热门产品。

（二）网球拍构成

网球拍主要由三部分构成：拍头、拍颈以及拍柄。而在实际使用中，还需搭配网球线和避震结等辅助配件。

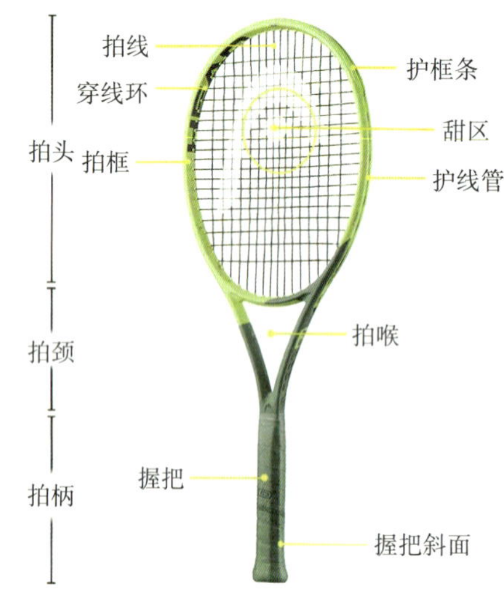

▶图1-3-2　网球拍各部分名称

二、“三色球”究竟是何物？

在网球运动领域中，我们常常提及的“三色球”实际上是指红球、橙球、绿球这三种不同颜色的低压网球。这一称呼源于“三色球体系”，该体系是国际公认的最适宜儿童、青少年网球教学培训的标准体系。它是基于儿童、青少年的身高所对应的击球点高度以及他们的移动范围，并结合他们神经反应的发展阶段精心设计的。

▶图1-3-3 三色球

(一)红色球

8岁以下的儿童,推荐使用红色球进行网球教学。红色球的气压仅为标准球的25%,因此,其移动速度较慢,反弹高度也相对较低。

(二)橙色球

8~10岁的儿童,推荐使用橙色球进行网球教学。橙色球的气压为标准球的50%,因此,其移动速度和反弹高度均适中。

(三)绿色球

10岁以上的儿童,推荐使用绿色球进行网球教学。绿色球的气压达到标准球的75%,因此,其移动速度较快,反弹高度也相对较高。

三、“三色球”对应的场地介绍

在“三色球体系”中,场地大小也根据儿童、青少年的年龄做了相应的划分,但这并不是一套严格的分类标准,具体情况还是要根据客观身体素质来进行区分。

(一)红色球场地

场地尺寸:长度为10.97米,宽度为5.485米。

球网高度:80~83.8厘米。

建议用球:红色球。

适宜人群:8岁以下儿童。

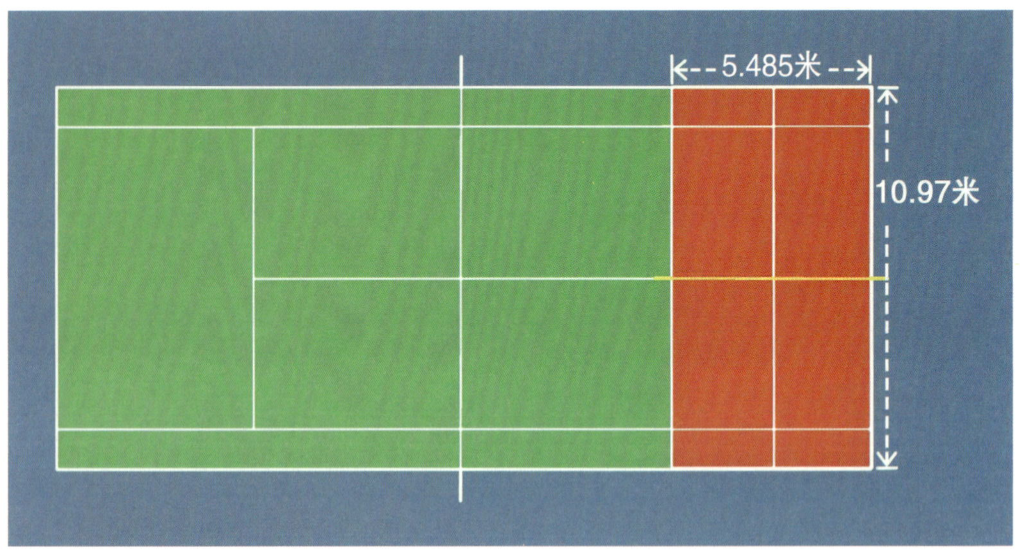

▶图1-3-4　红色球场地

(二)橙色球场地

场地尺寸:长度为18.285米,宽度为8.23米。

球网高度:80~91.4厘米。

建议用球:橙色球。

适宜人群:8~10岁儿童。

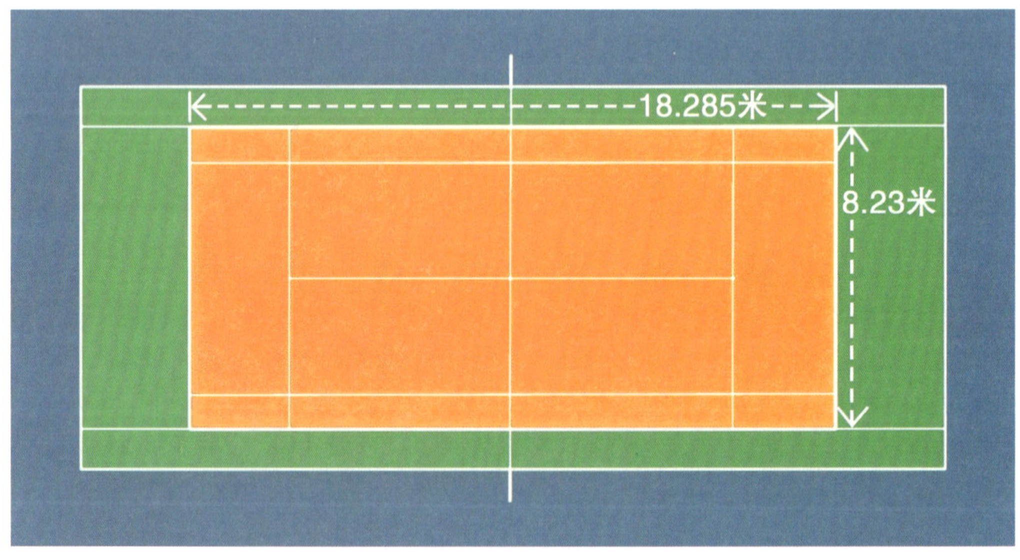

▶图1-3-5　橙色球场地

(三)绿色球场地

场地尺寸:长度为23.77米,宽度为8.23米。

球网高度:91.4厘米。

建议用球:绿色球。

适宜人群:10岁以上儿童、青少年。

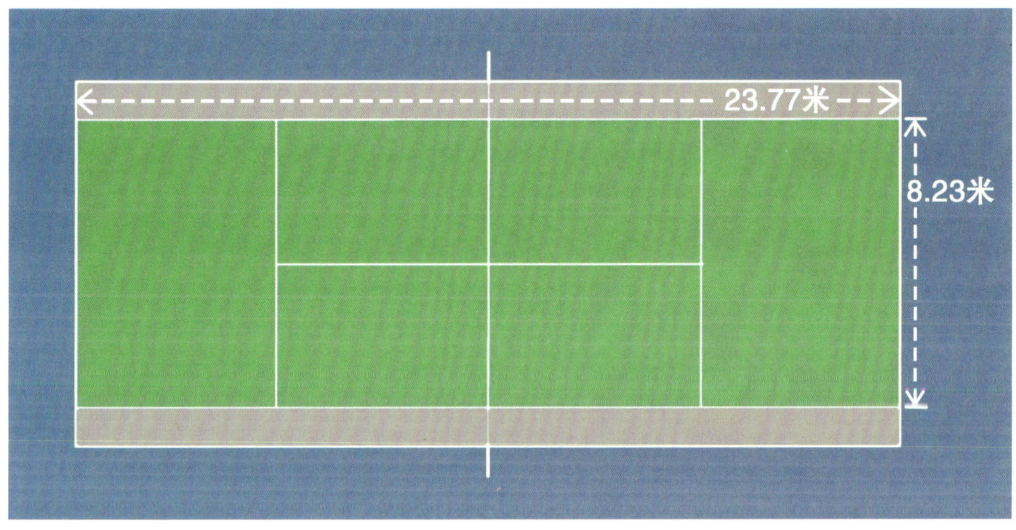

▶图1-3-6 绿色球场地

第二章

十步训练法与教学设计

十步训练法是一种通过十个精心设计的步骤，帮助初学者逐步掌握击球技巧的系统性练习方法。初学者能在特定尺寸的小球场内展开比赛，通过发球、接发球以及相持得分等环节的实践，更快速地领略到网球比赛的独特魅力。这十个步骤按照难易程度层层递进，初学者首先从使用较为容易控制的红球开始练习，根据练习进度，逐渐过渡到使用橙球、绿球等更具挑战性的球种。同时，比赛场地的尺寸也会随着练习阶段的推进而逐步扩大。

十步训练法练习步骤

步骤一：正拍颠球

一、练习方法

握拍时将拍面与地面保持平行，拍柄自然贴合在手心，拍底与手腕相平或稍微向上，手心朝上，手背朝下。运用拍面将球颠入预先设定好的直径为1米的圈内。此圈可以是常见的呼啦圈，也可以是用粉笔在地面上画的圆圈。

▶图2-1-1　步骤一图示

二、练习次数

20个球为1组，练习10组。

三、练习注意事项

（1）在练习过程中保持屈膝状态，降低身体重心以保持稳定。

（2）眼睛应始终紧盯球，以便准确判断其轨迹和速度。

（3）脚下随时进行小碎步调整，确保能迅速移动到位。

（4）在击球时，请确保拍面朝上且保持平稳，并在击球瞬间通过手腕用力来控制球拍。

（5）在练习过程中应保持身体适度放松，切勿过度紧张。

步骤二：反拍颠球

一、练习方法

握拍时手心朝下，手背朝上，拍面平行于地面，掌心平行于拍面，直接握住拍柄。运用拍面将球颠入预先设定好的直径为1米的圈内。此圈可以是常见的呼啦圈，也可以是用粉笔在地面上画的圆圈。

▶图2-1-2　步骤二图示

二、练习次数

20个球为1组，练习10组。

三、练习注意事项

(1)在练习过程中保持屈膝状态，降低身体重心以保持稳定。

(2)眼睛应始终紧盯球，以便准确判断其轨迹和速度。

(3)脚下随时进行小碎步调整，确保能迅速移动到位。

(4)在击球时，请确保拍面朝上且保持平稳，并在击球瞬间通过手腕用力来控制球拍。

(5)在练习过程中应保持身体适度放松，切勿过度紧张。

四、易犯错误及纠正方法

(1)手腕无力，球拍不平稳，球被打得到处都是，难以完成流畅的连续击球。为了纠正这一问题，建议加强手腕力量的训练，同时多做球感练习。

(2)接不准球，手眼协调能力较差。针对这一问题，可以尝试进行徒手抓球练习。在练习过程中，要求眼睛始终盯紧球，全神贯注。

步骤三：两人共用一个圈，颠球练习

一、练习方法

两位搭档面对面站立，圆圈位于两人之间，依次将球击入圈中。鉴于两人合作相较于单人练习在配合上有了一定难度，我们建议使用粉笔在地面上画出圆圈（不使用呼啦圈、敏捷圈等器材），这样可以确保地面的平整，即便球未能进入圆圈或落在圆圈边缘，也不会影响练习的连贯性。随着控球能力的逐步提高，可以逐渐缩小圆圈的范围，从而增加练习的难度。

▶图2-1-3 步骤三图示

二、练习次数

（1）每轮连续击打5个球，视作1组，完成正拍5组、反拍5组。

（2）每轮连续击打10个球，视作1组，完成正拍5组、反拍5组。

（3）每轮连续击打10个球，视作1组，正拍与反拍交替进行，共完成5组。

三、练习注意事项

（1）两人需要紧密配合，相互协作，可以通过喊出数字1、2、3等来保持一致的节奏，确保喊数的速度与击球的节奏相吻合。

（2）同伴之间要互相鼓励。

（3）在遇到失误的情况时，两人一起讨论，分析其中的原因，从中吸取教训，共同进步。

（4）在击球时，请确保拍面朝上且保持平稳，并在击球瞬间通过手腕用力来控制球拍。

步骤四：两人共用两个圈，正手颠球练习

一、练习方法

两位搭档面对面站立，在各自的前方，设定一个直径为1米的圆圈，两个圆圈之间相距1米。随后，两人依次使用正拍将球颠入对方的圆圈内，注意控制球在空中的高度，使球不超过各自的身高。

▶图2-1-4　步骤四图示

二、练习次数

(1)3个回合为1组，完成3组。

(2)5个回合为1组，完成5组。

(3)10个回合为1组，完成10组。

三、练习注意事项

(1)颠球时，拍面不能水平向上，要有一定斜度(向下倾斜)，使球有向前性。

(2)脚下随时进行小碎步调整，确保能迅速移动到最佳击球点。

(3)注意控制击球力度，控制球的落点在圈内。

(4)若该步骤无法完成，可先反复练习前面三个步骤。

(5)同伴之间要互相鼓励。

(6)在遇到失误的情况时，两人一起讨论，分析其中的原因，从中吸取教训，共同进步。

步骤五：两人共用两个圈，反手颠球练习

一、练习方法

两位搭档面对面站立，在各自的前方，设定一个直径为1米的圆圈，两个圆圈之间相距1米。随后，两人依次使用反拍将球颠入对方的圆圈内，注意控制球在空中的高度，使球不超过各自的身高。

▶图2-1-5 步骤五图示

二、练习次数

(1)3个回合为1组，完成3组。

(2)5个回合为1组，完成5组。

(3)10个回合为1组，完成10组。

三、练习注意事项

(1)颠球时，拍面不能水平向上，要有一定斜度(向下倾斜)，使球有向前性。

(2)脚下随时进行小碎步调整，确保能迅速移动到最佳击球点。

(3)注意控制击球力度，控制球的落点在圈内。

(4)若该步骤无法完成，可先反复练习第一、二、三步骤。

(5)同伴之间要互相鼓励。

(6)在遇到失误的情况时，两人一起讨论，分析其中的原因，从中吸取教训，共同进步。

步骤六：两人共用四个圈，固定路线颠球练习

一、练习方法

两位搭档面对面站立，在各自的前方，设定两个直径为1米的圆圈，每两个圆圈为一组，两组之间相距2米。教师设定颠球的路线，如：直线—斜线—直线—斜线，或者斜线—斜线—直线—直线的组合等。在练习过程中，学生可以喊出即将击打的路线，这不仅能够帮助同伴提前做好准备，还能够有效提高自己击球路线的精准性。

▶图2-1-6　步骤六图示

二、练习次数

（1）3个回合为1组，完成3组。

（2）5个回合为1组，完成5组。

（3）10个回合为1组，完成10组。

三、练习注意事项

（1）颠球时，拍面不能水平向上，要有一定斜度（向下倾斜），使球有向前性。

（2）脚下随时进行小碎步调整，确保能迅速移动到最佳击球点。

（3）注意控制击球力度，控制球的落点在圈内。

（4）初始练习时，设定的路线不要过于复杂，变化不宜过多。

（5）多进行来回击球，提升控球能力和击球的稳定性。

（6）同伴之间要互相鼓励。

（7）在遇到失误的情况时，两人一起讨论，分析其中的原因，从中吸取教训，共同进步。

步骤七：两人共用四个圈，不固定路线颠球练习

一、练习方法

两位搭档面对面站立，在各自的前方，设定两个直径为1米的圆圈，每两个圆圈为一组，两组之间相距2米。学生将球随机颠入对方前方的任意圆圈中，以此锻炼对方学生的应变能力。在持续击球的过程中，还需注重脚下步伐的移动，并不断强化这一技能。双方在进行练习时，应提前预判球的落点，以便更好地应对。

▶图2-1-7 步骤七图示

二、练习次数

（1）3个回合为1组，完成3组。

（2）5个回合为1组，完成5组。

（3）10个回合为1组，完成10组。

三、练习注意事项

（1）颠球时，拍面不能水平向上，要有一定斜度（向下倾斜），使球有向前性。

（2）练习时，可以将球稍微打高一点（不超过对方的身高），便于对方有充足的时间调整击球位置。

（3）根据人与球的位置，选择最佳击球方式（正手或反手）。

（4）在完成击球动作后，迅速返回两个圆圈的中间处，对下一球的运动轨迹进行预判，以便在最佳击球位置击球。

步骤八：形成越过障碍击球的意识

一、练习方式

两位练习者面对面站立，在两位练习者之间设立一道障碍物，这可以是一张网或是小栏架、球包等。在练习过程中，教师应着重培养练习者击球后回位的意识。具体而言，每完成一次击球动作后，练习者需要迅速完成两个回位动作：一是脚下快速移动，回到底线中间位置；二是拍子回到身体中间，为下一次击球做好准备。

▶图2-1-8　步骤八图示

二、练习次数

(1)5个回合为1组，完成10组。

(2)10个回合为1组，完成5组。

三、练习注意事项

(1)击球时应向上向前击球，确保球越过障碍物。

(2)形成回位意识：身体回到底线中间位置，拍子回到身体中间。

(3)移动时降低重心，尽量保持身体重心稳定，不要有太大起伏。

(4)同伴之间要相互配合，尽量多打几回合。

步骤九：下手发球，用橙球场地进行练习

一、练习方法

教师讲解、示范下手发球的动作要领，即先将球置于身体右前方的合适位置（球不能落地），然后速挥动球拍，将球打过网，直至对方场地的对角位置，这与之前练习过的斜线路线相吻合。再按照上一步骤的方法，在橙球场地上进行相持球的练习。场地中间设置短式网球网，双方先以合作的方式展开练习，逐步提升击球的稳定性。待稳定性达到一定水平后，再逐渐引入竞争元素，让学生体验网球比赛。在练习过程中，用下手发球，只击打落地球。

二、练习注意事项

（1）先加强下手发球技术练习，减少在比赛中发球失误。

（2）每个学生轮流当运动员、裁判、司线员、球童，全方位地体验网球比赛。

（3）在比赛过程中贯穿网球的礼仪规范。

（4）赛后做好总结与分析，以比赛的形式促进技术的进步。

（5）教师多关注学生在比赛中的情绪变化，并把体育精神、体育心理学等相关知识贯穿在教学中。

步骤十：上手发球，用绿球场地进行练习

一、练习方法

教师讲解、示范上手发球的动作要领，即持拍手需先完成架拍动作，接着另一只手抛球后进行击球、下压和随挥动作。在此过程中，无需进行蹬地转腰等复杂动作，仅需专注于上肢击球动作的执行。在练习过程中，学生使用绿球场地，场地中央设置了短式网球网。双方首先进行相持球的练习，再逐渐引入竞争元素。需要注意的是，在练习上手发球时，学生仅进行落地球的击打，不涉及截击球和高压球等动作。

二、练习注意事项

（1）先加强上手发球技术练习，减少在比赛中发球失误。

（2）每个学生轮流当运动员、裁判、司线员、球童，全方位地体验网球比赛。

（3）在比赛过程中贯穿网球的礼仪规范。

（4）赛后做好总结与分析，以比赛的形式促进技术的进步。

（5）教师多关注学生在比赛中的情绪变化，并把体育精神、体育心理学等相关知识贯穿在教学中。

“快易网球”在体育教学中的大单元教学设计

推动网球运动的发展、扩大网球人口，将网球运动引入校园并融入学校体育体系，无疑是一条行之有效的途径。鉴于标准网球场地要求较高，并非所有学校都能配备满足教学需求的网球场，因此，“快易网球”在中小学体育课堂中的推广具有显著优势。其教学仅需篮球场、排球场或较为平整开阔的地面即可开展。

《义务教育体育与健康课程标准（2022版）》中明确提出“大单元教学”的概念，即对某个项目或项目组合进行18课时及以上的相对系统和完整的教学，并强调设计专项运动技能的大单元教学的重要性。这种教学模式有助于教师更深刻地理解学科育人的本质，把握时间与学习的关系，并确立“以学习者为中心”的教学理念。

以下以高一年级学生为例，制订相应的“快易网球”大单元教学计划。其他年级可在此基础上进行适当调整，以适应不同学段学生的特点和需求。

一、指导思想

在国家体育总局发布的《青少年体育“十三五”规划》中，明确指出：更加重视青少年体育工作，引导广大青少年继续弘扬奥林匹克精神，积极参与体育健身运动……到2020年青少年体育活动更加广泛，青少年训练基础更加坚实……而在《“十四五”体育发展规划》中，要求体教融合取得实质性进展，青少年掌握1~2项运动技能，基本建成适应需要、主体多元的体育后备人才培养体系。站在国家青少年体育发展的宏大视角之下，青少年网球运动的发展亦需与时俱进，积极推进网球进校园的各项工作。“快易网球”作为一种新型的网球教学方法，相较于传统方式，其更为简单、易懂、高效，能够在短期内实现网球教学的课程目标。本教学设计，以“自主学习、团结协作、寓教于乐”为核心理念，将运动技术、技能与身体素质的提升有机结合，同时，将体育教育与德育、智育、美育、劳育等多元教育形式紧密相连，共同完成教育任务。在这一核心思想的指导下，做到五育并举。因此，本教学设计是一个具有多功能的系统，应从多个层次、多个角度建立目标体系。“快易网球”的教学理念既循序渐进又成效显著，它以兴趣为引导，以学生为主体，让学生在学习的过程中体验成就感，在训练的过程中感受集体荣誉感和归属感。

二、教学设计

（一）学习目标

1. 运动能力

经过学习，90%左右的学生能够了解并学会网球正反手击球技术、下手发球技术，以及场上移动的常用步法，具备运用红色球在小场地进行比赛的能力。60%左右的学生能基本掌握网球正反手击球技术、下手发球技术、简化的上手发球技术，以及场上移动的常用步法，具备运用橙色球在小场地进行比赛的能力，并对简单的基本计分规则有所了解。30%左右的学生能够熟练掌握网球正反手击球技术、下手发球技术、简化的上手发球技术、截击球技术，以及场上移动的常用步法，具备运用绿色球在较大场地进行比赛的能力，并熟悉基本计分规则。

2. 健康行为

通过训练，学生的手眼协调能力、各项力量素质、移动速度以及灵敏性均得到了显著提升。让学生形成运动前充分热身，运动后拉伸放松的良好习惯；帮助学生重视健康，形成终身体育的生活方式。在教学比赛中，学生能以正确的心态面对竞争，正确对待输赢，学会在不同情境下调整心态，从而增强学生的抗压能力和抗挫折能力。

3. 体育品德

在学习技能的过程中，提高学生独立思考能力，鼓励学生之间互帮互助、共同进步；同时，教授学生球场礼仪，促进学生的德育发展。在学习技能的同时，学生学会了欣赏运动带来的力与美，促进美育发展。在课堂上，学生协助教师摆放器材、保持地面清洁卫生等，有助于培养学生的劳动精神，促进劳育发展。

（二）教材分析

网球，作为一种隔网对抗型小球类运动项目，因其球速迅猛、球拍沉重以及球场面积大等特点，使得初学者入门颇具挑战性。然而，“快易网球”的兴起，无疑为这一传统模式注入了新的活力。它通过优化器材与场地配置,采用适宜的球、球拍及球场进行教学,打破了网球学习必须依赖专业场地的局限。在篮球场或其他平坦开阔的场地上,借助短式网球网及地贴标志物,同样可以开展有效的练习。这种教学方法不仅使网球得以走进更多学校,为更多学生提供了接触网球项目的机会,更让学生能够迅速产生浓厚兴趣,轻松掌握基本技术,从而为日后与网球结下不解之缘奠定了坚实的技术与心理基础。"快易网球"强调教学的趣味性与实用性,致力于与初学者建立更为紧密的沟通与互动。

在"快易网球"的教学过程中,从球感练习开始,逐步引导学生从一人固定点颠球到两人固定点颠球、两人多点颠球,再到两人中间有障碍物颠球,最终过渡到小场地比赛。这种循序渐进的教学方式,帮助学生从熟悉器材发展到两人隔网对抗。同时,教学过程中充分运用竞争与合作机制,鼓励学生之间展开良好的沟通与交流,共同营造一个积极向上的学习氛围。此外,"快易网球"还根据学生的掌握程度,从气压最小、最易控制的红色球开始,逐步过渡到气压较大的橙色球和绿色球,同时调整场地尺寸,以适应不同阶段的训练需求。这种教学方法,充分体现了教育的循序渐进原则。

(三)学情分析

高一年级学生趋于成年,身体发育基本完善,力量与协调性逐渐达到一定高度,且有较强的自我管理能力、执行能力和自学能力。因此,学生能很快接受并适应快易网球的"合作—竞争—提高"的合作探究教学模式。

快易网球的教学方法符合青少年群体的学习特征,也避免了过度训练对身体带来的损伤。快易网球通过个性化教学和合作意识的培养,可以使青少年在科学训练的前提下,体验到同伴之间互相协作、共同进步的乐趣,并且在教学比赛中正确面对输赢,从而帮助青少年形成良性竞争意识,实现身心共同发展。反复的练习可以逐渐弱化对比赛结果的过分关注,消除过强的胜负心理。青少年学习网球技术的同时,也能磨砺意志品质,培养顽强不屈、胜不骄败不馁的精神风貌,以及讲文明懂礼貌的良好素养。高一年级的学生预防运动损伤的意识和能力不强,有时不能自觉排除练习过程中的安全隐患。因此,网球教学应强调有序练习,主动规范场地和器材,要求学生认真观察、认真聆听、互相提醒。快易网球能够包容青少年学生的个体差异,在学习过程中寻求个性化发展。快易网球通过巧妙的学习方法、因地制宜的训练器材,锻炼了青少年的发散思维和随机应变的能力。在训练学习中以学生为主体，以兴趣教育为目的，让学生收获快乐，收获友谊，打开心扉，结交朋友。在过程性评价和定性评价过程中渗透德育，积极鼓励学生，帮助学生真正体会到体育运动带来的乐趣。

（四）教学内容

（1）网球运动相关理论知识和明星动作赏析。

（2）网球比赛规则和裁判法。

（3）简化的网球正手与反手发球技术等。

（4）简单战术的运用。

（5）比赛的组织以及体验比赛中的不同角色。

（6）全面提升速度、力量、耐力、灵敏、柔韧、协调等身体素质，增强综合运动能力。

（五）教学重、难点

1. 学生学习重、难点

重点：在练习与竞赛过程中调整自身情绪，保持稳定的心理状态，积极与队友进行交流与合作。

难点：战胜内心的恐惧与犹豫，展现出勇敢果断、坚韧不拔的精神风貌。

2. 学习内容重、难点

重点：正手发球技术、正手发球与正手击球衔接技术，以及相持技术。

难点：比赛中技战术的选择与运用。

3. 教学组织重、难点

重点：根据教学内容的变化及时调整学生的站位，合理布局教学器材。

难点：队形调整合理，器材摆放安全；在比赛中，有效组织学生融入赛场的各种角色。

4. 教学方法重、难点

重点：合作探究法、游戏法和比赛法在课堂中的灵活运用。

难点：在小组合作中充分激发学生的积极性，引导学生主动思考，发现问题并寻求解决方案。

（六）课时安排

表2-1 课时安排表

课次	学习目标	学习内容	教学策略		主要评价
			学练活动	比赛活动	
1	（1）运动能力：让学生了解网球运动的相关技术，为后面的技术教学做铺垫。 （2）健康行为：通过对网球知识的学习，激发学生对技能学习的兴趣，培养坚持运动的习惯。 （3）体育品德：在小组探究中积极思考，了解网球文化相关内涵。	网球运动简介。	（1）教法：教师借助PPT作为媒介，通过展示图片与播放视频的方式，介绍网球相关的知识；同时，教师适时提出问题，引导学生进行深入思考，以此来加深他们对知识点的记忆与理解。 （2）学法：学生认真听讲，积极思考。	知识竞猜活动：引导学生积极思考的同时，巩固本课重要知识点。	学生网球知识点的掌握程度。
2	（1）运动能力：让学生了解网球的基本技术，了解著名球星及其代表性打法，并且能够模仿动作。 （2）健康行为：在观察与模仿球星技术动作过程中领会上下肢协调、左右手配合的重要性；同时了解在比赛前准备活动、比赛中面对不同比分的心态调节、比赛后放松及思想复盘的重要性。 （3）体育品德：通过学习网球礼仪，让学生学会尊重裁判、尊重对手、遵守比赛规则。	精彩比赛赏析。	（1）教法：教师借助PPT作为媒介，通过展示图片与播放视频的方式，对网球比赛进行讲解和分析，并对明星球员的代表性打法进行深入分析；让学生在脑海中形成各项技术的具象化认识。 （2）学法：学生认真听讲，积极思考，对于比赛规则较难的知识点主动提问，通过观察并模仿明星球员击球动作，从而更好地掌握并提升自己的网球技能。	模仿动作比赛：提高学生的观察能力。	学生对视频动作的认真观察程度和自身表现力的体现。

续表

课次	学习目标	学习内容	教学策略		
			学练活动	比赛活动	主要评价
3	(1)运动能力:90%的学生熟悉球感、认识器材场地;80%的学生能在固定点进行正反手颠球并掌握场上移动的基本步法。 (2)健康行为:面对新的挑战,学生们能够保持积极的心态,正确看待失误。 (3)体育品德:在学习过程中不断尝试和总结,提高自学能力。	正手颠球、反手颠球、网球基本步法。	(1)教法:教师运用生动的语言引导学生深入思考,通过亲身示范练习内容,指导学生跟随练习。同时,教师根据学生的掌握情况,设置不同难度的练习,使学生能够循序渐进地完成学习任务。在完成练习后,教师选取表现较好的学生进行展示,并给予相应的奖励。 (2)学法:学生在教师的引导下进行探索式学习。同时,学生之间相互合作,共同探讨学习内容。	(1)小组内进行规定时间(30秒)内的连续颠球计数比赛。 (2)小组内单次连续颠球计数比赛。	(1)学生眼睛盯球的专注度,击球点的准确性。 (2)击球过程中快速调整击球位置。
4	(1)运动能力:80%的学生提升了球感,能够在一人固定点颠球的基础上进行两人间的交叉练习,增强击球节奏感;50%的学生在面对来自不同位置的球时,能够准确选择适当的击球方式。 (2)健康行为:重视运动之前的准备活动;学生在学练过程中重视练习过程、淡化结果。 (3)体育品德:通过学练活动,让学生在果断击球的过程中逐渐建立起自尊和自信,培养出不惧挑战、勇往直前的精神。	两人共用一个目标颠球。	(1)教法:教师运用生动的语言引导学生深入思考,通过亲身示范练习内容,指导学生跟随练习。同时,教师根据学生的掌握情况,设置不同难度的练习,使学生能够循序渐进地完成学习任务。在完成练习后,教师选取表现较好的学生进行展示,并给予相应的奖励。 (2)学法:学生在教师的引导下进行探索式学习;在比赛中互相鼓励、互相帮助,重视比赛过程中的收获。	(1)两人单次连续颠球计数比赛,颠球个数少者“奖励”下蹲3个。 (2)10人为一个小组,小组内比赛,单次连续颠球次数最多者获胜。	(1)学生眼睛盯球的专注度,击球点的准确性。 (2)击球过程中快速调整击球位置。 (3)练习中同伴之间积极有效的交流。

续表

课次	学习目标	学习内容	教学策略		
			学练活动	比赛活动	主要评价
5	(1)运动能力：逐渐形成两人对打的雏形，找到最佳击球点。80%的学生能连续3个及以上来回击球；50%的学生能够连续5个及以上来回击球。 (2)健康行为：重视准备活动以及运动后的放松环节，能够发现并主动排除练习中存在的安全隐患。 (3)体育品德：逐渐形成对网球比赛规则的认知，在练习过程中互相合作。	两人共用两个目标正反手颠球（第一次课）。	(1)教法：教师采用目标设定法，精心设计练习任务，引导学生逐步完成；在教学过程中，组织丰富多样的教学比赛，对表现优异的学生给予适当的奖励。 (2)学法：学生在教师的引导下进行探索式学习；在教学比赛中，相互鼓励、相互帮助，共同面对比赛结果，正确看待胜败得失。	(1)两人单次连续颠球计数比赛，颠球个数少者“奖励”下蹲3个。 (2)10人为一个小组，小组内比赛，单次连续颠球次数最多者获胜。	(1)击球过程中快速调整击球位置。 (2)正反手动作的快速转换。 (3)练习中同伴之间积极有效的交流。
6	(1)运动能力：掌握好击球点，并在击球过程中保持身体重心低且稳定。80%以上的学生能够成功完成5个及以上来回击球；50%的学生能够成功完成10个及以上来回击球，且能在正手与反手之间灵活转换。 (2)健康行为：了解身体各项素质对于网球运动的重要性；了解身体素质的提升与技术练习同样重要。 (3)体育品德：在练习过程中，互相合作，善于运用智慧发现并解决问题。	两人共用两个目标正反手颠球（第二次课）。	(1)教法：教师采用目标设定法，精心设计练习任务，引导学生逐步完成；在教学过程中，组织丰富多样的教学比赛，对表现优异的学生给予适当的奖励。 (2)学法：学生在教师的引导下进行探索式学习；在教学比赛中，相互鼓励、相互帮助，共同面对比赛结果，正确看待胜败得失。	(1)两人单次连续颠球计数比赛，颠球个数少者“奖励”下蹲3个。 (2)10人为一个小组，小组内比赛，单次连续颠球次数最多者获胜。	(1)击球过程中快速调整击球位置。 (2)正反手动作的快速转换。 (3)练习中同伴之间积极有效的交流。

续表

课次	学习目标	学习内容	教学策略		
			学练活动	比赛活动	主要评价
7	(1)运动能力:80%的学生能够掌握好击球点,并逐步按照练习要求控制击球路线;50%的学生能够迅速进行正反手转换,找准击球点,并较为精确地按照练习要求完成击球路线。 (2)健康行为:学生能够有序地进行练习,积极配合教师布置场地并及时排除安全隐患。 (3)体育品德:学生在练习过程中互相配合,互相帮助。	两人共用四个目标,固定路线来回颠球(第一次课)。	(1)教法:教师采用目标设定法,精心设计练习任务,引导学生逐步完成;在教学过程中,组织丰富多样的教学比赛,对表现优异的学生给予适当的奖励。 (2)学法:学生在教师的引导下进行探索式学习;在教学比赛中,相互鼓励、相互帮助,共同面对比赛结果,正确看待胜败得失。	(1)两人按照规定的路线(直线—直线—直线—斜线—斜线—斜线)进行连续击球,失误者"奖励"下蹲3个。 (2)两人按照规定的路线(直线—直线—斜线—斜线—直线—直线—斜线—斜线)进行连续击球,失误者"奖励"下蹲3个。	(1)击球过程中快速调整击球位置。 (2)正反手动作的快速转换。 (3)练习中同伴之间积极有效的交流。 (4)击球路线的准确性。
8	(1)运动能力:80%的学生能够在左右移动的过程中,初步进行正反手转换和衔接;50%的学生能较好地按照练习要求,将球准确击入指定圈内,并且逐渐掌握击球点的精准度和控制击球的路线。 (2)健康行为:能够将课堂上的学练行为应用于课外锻炼中,为终身参与体育活动打下坚实的基础。 (3)体育品德:学生在练习过程中互相配合,互相帮助,发现问题共同探讨解决方案。	两人共用四个目标,固定路线来回颠球(第二次课)。	(1)教法:教师采用目标设定法,精心设计练习任务,引导学生逐步完成;在教学过程中,组织丰富多样的教学比赛,对表现优异的学生给予适当的奖励。 (2)学法:学生在教师的引导下进行探索式学习;在教学比赛中,相互鼓励、相互帮助,共同面对比赛结果,正确看待胜败得失。	(1)两人按照规定的路线(直线—直线—斜线—斜线—直线—直线)进行连续击球,失误者"奖励"下蹲3个。 (2)击球之前喊出自己将要击球的路线,若击球路线与喊出的路线不同,"奖励"下蹲3个。	(1)击球过程中快速调整击球位置。 (2)正反手动作的快速转换。 (3)练习中同伴之间积极有效的交流。 (4)击球路线的准确性。

续表

课次	学习目标	学习内容	教学策略		
			学练活动	比赛活动	主要评价
9	(1)运动能力:80%的学生能够在移动中基本找准击球点,并逐步按照练习要求控制击球路线;50%的学生能够按照自己预设的路线回球。(2)健康行为:提高沟通能力、合作能力,展现出积极、乐观的健康心理状态。(3)体育品德:积极面对新的挑战,不畏困难,善于思考与分析问题;通过不断实践与反思,提高归纳总结的能力。	两人共用四个目标,不固定路线来回颠球(第一次课)。	(1)教法:教师采用目标设定法,精心设计练习任务,引导学生逐步完成;在教学过程中,组织丰富多样的教学比赛,对表现优异的学生给予适当的奖励。(2)学法:学生在教师的引导下进行探索式学习;在教学比赛中,相互鼓励、相互帮助,共同面对比赛结果,正确看待胜败得失。	10人为一个小组,小组内比赛,单次连续颠球次数最多者获胜。	(1)击球过程中快速调整击球位置。(2)正反手动作的快速转换。(3)练习中同伴之间积极有效的交流。(4)击球路线的准确性。
10	(1)运动能力:80%的学生能够在移动中较好地找准击球点,并逐步按照练习要求熟练地控制击球路线;50%的学生能够在比赛中按照自己预设的路线回球。(2)健康行为:学生能够把课上的练习内容应用到课后的业余锻炼中。(3)体育品德:面对困难不怕挫折;同学之间相互交流经验,共同总结教训,逐步取得进步,培养积极进取的体育精神。	两人共用四个目标,不固定路线来回颠球(第二次课)。	(1)教法:教师采用目标设定法,精心设计练习任务,引导学生逐步完成;在教学过程中,组织丰富多样的教学比赛,对表现优异的学生给予适当的奖励。(2)学法:学生在教师的引导下进行探索式学习;在教学比赛中,相互鼓励、相互帮助,共同面对比赛结果,正确看待胜败得失。	(1)10人为一个小组,小组内比赛,单次连续颠球次数最多者获胜。(2)两人一队,计时击球比赛,规定时间(5分钟)内击球回合数多的一队获胜。	(1)击球过程中快速调整击球位置。(2)正反手动作的快速转换。(3)练习中同伴之间积极有效的交流。

续表

课次	学习目标	学习内容	教学策略		
			学练活动	比赛活动	主要评价
11	(1)运动能力:80%的学生能在比赛中展现出良好的预判意识;50%的学生能形成隔网对抗意识,并掌握简单的比赛计分方法。 (2)健康行为:提高沟通能力、合作能力,展现出积极、乐观的健康心理状态。 (3)体育品德:增强学生吃苦耐劳精神,提高学生抗挫折能力。	两人越过小障碍击球。	(1)教法:教师采用目标设定法,精心设计练习任务,引导学生逐步完成;在教学过程中,组织丰富多样的教学比赛,对表现优异的学生给予适当的奖励。 (2)学法:学生在教师的引导下进行探索式学习;在教学比赛中,相互鼓励、相互帮助,共同面对比赛结果,正确看待胜败得失。	(1)两人单次连续击球,失误者"奖励"下蹲3个。 (2)两人一队,计时击球比赛,规定时间(5分钟)内击球回合数多的一队获胜。	(1)球过障碍的成功率。 (2)击球过程中快速调整击球位置。 (3)练习中同伴之间积极有效的交流。
12	(1)运动能力:80%的学生能在比赛中展现出良好的预判意识;50%的学生能形成隔网对抗意识,并掌握简单的比赛计分方法。 (2)健康行为:提高沟通能力、合作能力,展现出积极、乐观的健康心理状态。 (3)体育品德:增强学生吃苦耐劳精神,提高学生抗挫折能力;在模拟双打比赛中,同伴间互相协作共同面对输赢。	四人越过小障碍击球。	(1)教法:教师采用目标设定法,精心设计练习任务,引导学生逐步完成;在教学过程中,组织丰富多样的教学比赛,对表现优异的学生给予适当的奖励。 (2)学法:学生在教师的引导下进行探索式学习;在教学比赛中,相互鼓励、相互帮助,共同面对比赛结果,正确看待胜败得失。	4人一组进行比赛,单次连续击球回合数多的一组获胜。	(1)球过障碍的成功率。 (2)击球过程中快速调整击球位置。 (3)练习中同伴之间积极有效的交流。

续表

课次	学习目标	学习内容	教学策略		
			学练活动	比赛活动	主要评价
13	(1)运动能力:80%的学生能够基本掌握下手发球动作,并且在比赛中完成发球与第二次击球的衔接;60%的学生在比赛中能够较好地衔接发球和正反手技术,并且有预判和一定战术意识。 (2)健康行为:学生在运动过程中能够及时调整场地器材,互帮互助,充分表现出良好的竞争意识和合作精神。 (3)体育品德:在教学比赛过程中,学生严格遵守比赛规则,尊重对手。	小场地比赛(下手发球)、简单单打战术。	(1)教法:教师讲解、示范下手发球动作,同时介绍比赛规则。 (2)学法:学生模仿教师下手发球动作,并运用于比赛中。	(1)下手发球比赛。 (2)2人一组进行击球比赛,下手发球开球,单次连续击球回合数最多的一组获胜。	(1)下手发球的成功率。 (2)击球过程中快速调整击球位置。 (3)练习中同伴之间积极有效的交流。
14	(1)运动能力:80%的学生基本完成下手发球动作并形成截击球意识;50%的学生能够在比赛中进行不同击球技术的转换与衔接。 (2)健康行为:学生在模拟比赛中提高沟通能力和良性竞争的意识。 (3)体育品德:增强学生吃苦耐劳精神,提高学生抗挫折能力;在模拟双打比赛中,积极面对比赛的得失,及时调整心态。	小场地比赛(下手发球)、简单双打战术。	(1)教法:教师介绍"抢七分"比赛规则。 (2)学法:在教学比赛中,学生互相讨论、探索、总结,寻求最佳得分方式。	(1)下手发球比赛。 (2)进行"抢七分"双打比赛,比赛时用下手发球开球。	(1)下手发球的成功率。 (2)不同击球技术之间衔接连贯,跑动积极。 (3)练习、比赛中同伴之间积极有效的交流。

续表

课次	学习目标	学习内容	教学策略		
			学练活动	比赛活动	主要评价
15	(1)运动能力:80%的学生能够基本掌握简化的上手发球技术;50%的学生能够熟练掌握简化的上手发球技术,并且有30%及以上的发球成功率。 (2)健康行为:提高新技术的运用能力,并且能把课堂上学练内容运用在课后业余锻炼中。 (3)体育品德:增强学生吃苦耐劳精神,提高学生抗挫折能力,并且在比赛中展现出遵守比赛规则、勇于进取、文明比赛的品质。	小场地比赛(上手发球)、简单单打战术。	(1)教法:教师讲解、示范上手发球动作,同时介绍比赛规则。 (2)学法:学生模仿教师上手发球动作;在教学比赛中,学生互相讨论、探索、总结,寻求最佳得分方式。	(1)上手发球比赛。 (2)进行"抢七分"单打比赛,比赛时用上手发球开球。	(1)上手发球的成功率。 (2)不同击球技术之间衔接连贯,跑动积极。 (3)练习、比赛中同伴之间积极有效的交流。
16	(1)运动能力:80%的学生基本掌握简化的上手发球技术,且有50%的发球成功率;50%的学生能够进一步提升发球成功率,并在比赛中展现出攻防意识。 (2)健康行为:在比赛中,培养学生的敏锐观察能力,鼓励他们积极思考,并将这些习惯融入学习生活的各个方面。 (3)体育品德:增强学生吃苦耐劳精神,提高学生抗挫折能力。	小场地比赛(上手发球)、简单双打战术。	(1)教法:教师讲解、示范上手发球动作,同时介绍比赛规则。 (2)学法:学生模仿教师上手发球动作;在教学比赛中,学生互相讨论、探索、总结,寻求最佳得分方式。	(1)上手发球比赛。 (2)进行"抢七分"双打比赛,比赛时用上手发球开球。	(1)上手发球的成功率。 (2)不同击球技术之间衔接连贯,跑动积极。 (3)练习、比赛中同伴之间积极有效的交流。

续表

课次	学习目标	学习内容	教学策略		
			学练活动	比赛活动	主要评价
17	(1)运动能力:全部学生聆听规则,积极完成专项身体素质测试。90%的学生能够按照网球规则参与展示和比赛,会欣赏网球比赛并对赛事进行简要评析。 (2)健康行为:90%的学生严格遵守课堂常规,注重安全意识,发现安全隐患后主动提醒同伴并能积极采取措施排除安全隐患。 (3)体育品德:85%的学生在学练赛中养成相互尊重、文明礼貌的体育品格。	专项理论及素质测试。	(1)专项身体素质考核,测试学生的运动能力;培养学生终身参与锻炼的意识。 (2)分组进行"抢七分"双打比赛,学生担任裁判。	(1)个人赛:在规则限定下,比谁身体移动测试用时最少。 (2)分组双打比赛:看谁在规则限定下获胜的场次最多。	(1)动作规范、连贯,跑动积极。 (2)有序练习,积极沟通。 (3)正确看待胜败得失。
18	(1)运动能力:95%的学生能够勇敢地展示自己的运动能力,学生之间能进行简单的相互评价;80%的学生能够参与比赛的组织与裁判工作。 (2)健康行为:95%的学生能够做到在运动前进行充分的热身活动,以预防运动损伤的发生;能以积极的心态面对考核;能主动收还器材,爱护器材。 (3)体育品德:通过学习和训练,学生逐渐养成勇敢果断的意志品质;在考核过程中,严格遵守比赛规则,尊重对手和裁判。	大单元学业质量水平测试。	(1)考生可自主选择对手进行对打或两人同时参与考试,进行回合球对抗;在考核中,若能成功打出10~14个回合球,即被视为"及格",若能打出15个及以上回合球,则被视为"优秀"。 (2)根据荣誉勋章评出"最佳球员"。	(1)两人一组,进行单次连续击球计数比赛,每组有三颗球,单次连续击球次数最多的一组获胜。 (2)个人体能赛:动作标准。	(1)简要评价与分析网球分组比赛情况与裁判的判罚。 (2)移动的速度与身体控制能力。 (3)跑动节奏与击球节奏的结合。 (4)遵守课堂规则,主动排除安全隐患。

(七)家庭作业

表2-2 家庭作业

运动技能	身体素质	综合应用
(1)正手颠落地球20次。 (2)反手颠落地球20次。 (3)正反手交换颠落地球20次。 (4)下手发球10次。 (5)上手发球10次。 (6)球感练习自选3种。	A类: (1)下蹲10次。 (2)往返跑10米。 (3)快速高抬腿30次。 (4)连续收腹跳5次。 B类: (1)俯卧撑10次。 (2)俯撑爬行5米。 C类: (1)波比跳5次。 (2)平板支撑1分钟。 (3)跳绳1分钟。 (4)快速登山步1分钟。	(1)把今天你所练习的内容教给父母,亲子一起完成练习。 (2)绘制网球场平面图,并画出击球、回球路线(随意发挥)。 (3)观看网球比赛,写200字心得体会。 (4)总结自己练习中的优点及待改进点。

练习建议(学生可以根据自己的具体情况酌情增减次数或组数):

(1)运动技能选1项,完成3组。

(2)身体素质每一类中选1项,完成2组。

(3)综合应用选1项。

(4)在练习前后,学生自行安排热身与放松练习。

(八)教学评价

表2-3 高一年级网球模块学习评价表

核心素养	类别	评价内容
运动能力(60%)	运动知识(10分)	(1)说出网球运动的演变过程。(3分) (2)说出网球拍的演变过程。(3分) (3)说出2项国际性网球比赛。(2分) (4)绘制出网球场平面图。(2分)
	运动技能与战术运用(32分)	(1)参与15次及以上网球学练活动。(10分) (2)参与15次课堂组织的教学比赛。(10分) (3)做一次教学比赛裁判。(6分) (4)做一次赛后自我评价及对手互评。(6分)
	体能(18分)	(1)1分钟跳绳200次。(6分) (2)连续俯卧撑20次。(6分) (3)1分钟平板支撑。(6分)

续表

<table>
<tr><th>核心素养</th><th>类别</th><th>评价内容</th></tr>
<tr><td rowspan="2">健康行为
（20%）</td><td>健康知识
掌握与运用
（16分）</td><td>（1）在学练中带领组内同学做一次热身活动。（4分）
（2）在学练中带领组内同学做一次放松活动。（4分）
（3）分别说出3条热身与放松的作用。（4分）
（4）说出5条避免运动损伤的方法。（4分）</td></tr>
<tr><td>心理调控
（4分）</td><td>（1）面对失误，积极调整自己的动作技术，鼓励自己。（2分）
（2）比赛中精神饱满，积极调整情绪。（2分）</td></tr>
<tr><td rowspan="3">体育品德
（20%）</td><td>体育精神
（10分）</td><td>在学练赛中勇于挑战自我，坚持不懈。（10分）</td></tr>
<tr><td>体育道德
（6分）</td><td>（1）在教学比赛中尊重对手、尊重裁判、诚实守信。（2分）
（2）在执裁过程中公平公正。（2分）
（3）在自评与互评过程中实事求是。（2分）</td></tr>
<tr><td>体育品格
（4分）</td><td>在学练赛过程中能吃苦、知礼仪、善合作、守规则。（4分）</td></tr>
</table>

评价方式：

（1）学生自评与互评相结合。

（2）教师过程性评价与终结性评价相结合。

（3）定量评价与定性评价相结合。

（4）及时评价与增值评价相结合。

第三章

“快易网球”我会练

在三项小球运动中，网球运动堪称入门难度之最，这主要源于网球运动对运动员身体各项素质的严苛要求。要想在网球场上游刃有余，不仅需要精湛的控球技巧，还需具备能迅速移动到最佳击球点的能力等。而身体素质，作为运动的基础，是展现高超技术的前提与保障，只有在优秀的身体素质的支撑下，运动员才能在比赛中充分发挥自身技术，取得优异成绩。

球感练习

一、球感练习的目的和意义

随着现代生活水平的提升，人们对于运动的热情与认知也在逐渐增加。网球，这一昔日被视为贵族专属的运动，如今已逐渐融入大众的日常生活，成为一种广受欢迎的锻炼方式。然而，对于大多数人而言，要想在网球场上打出精彩的表现，仍是一项不小的挑战。

网球这项运动，对于身体的灵敏性、协调性、跑动能力以及球感等要素有着极高的要求。特别是对于初学者而言，建立起良好的网球球感是至关重要的第一步。通过系统的球感练习，初学者能够更好地掌握网球的基本技术，并不断提升自己的技术水平。球感练习有助于初学者更准确地感知和控制球的运动轨迹与落点，从而更加精准地判断来球的方向和击球的时机，进而提升反应速度和应对能力。

此外，球感练习还能有效提升初学者的身体素质和协调能力，使他们在训练和比赛中能够保持身体平衡与稳定，减少失误，提高胜率。更为重要的是，球感练习能够培养初学者对网球的热爱与兴趣，激发他们不断追求和探索网球运动的内在魅力，从而让他们更加享受这项运动带来的乐趣与挑战。

综上所述，网球球感练习对于初学者和高水平运动员而言都具有重要意义。它不仅能够为初学者打下坚实的技术基础，还能够助力高水平运动员在技战术层面取得更大的突破。同时，球感练习还能够锻炼初学者的身体素质和心理素质，是成为一名优秀网球选手不可或缺的重要环节。

二、网球球感练习的注意事项

1. 持之以恒的练习

对于初学者而言，网球球感的培养绝非一蹴而就，而是需要长期坚持与努力。初学者应根据个人的时间和场地条件，制订合理的训练计划，并持之以恒地进行正确有效的动作重复训练，逐步提升自己的球感。

2. 循序渐进地提升难度

球感练习应遵循由易到难的原则，从基础且易于掌握的动作和技巧开始，逐步过渡到更为复杂和精细的技能。这将有助于为后续的进阶训练奠定坚实的基础，进而提升球感。

3. 注重姿势与动作的规范性

良好的训练习惯是提升球感的关键。初学者在练习时，应特别注意正确的姿势和动作，包括握拍方式、击球姿势以及脚步移动等。另外，初学者通过反复练习，使身体肌肉形成记忆，从而提高击球质量和球感。

4. 多样化的练习方法

球感练习方法丰富多样，选择合适的练习方法至关重要。初学者应根据不同的场景和需求，灵活选择不同的训练方法。同时，根据自身的水平，选择高效且适合自己的练习方法，从近到远、从静到动，逐步提升球感。

5. 观察与模仿高水平球员

观察高水平球员的比赛和训练，并尝试模仿他们的技巧和动作。这有助于了解高水平球员的球感表现，并从中吸取宝贵的经验，提升自己的球感水平。

6. 积极参加比赛

参加比赛是锻炼球感、提高比赛适应能力和心理素质的有效途径。通过比赛，初学者可以发现自己在技术和战术方面的不足之处，并及时进行调整和改进。同时，比赛中的紧张氛围和激烈对抗也有助于提升球感水平。

三、单人抛接球练习

1. 自抛自接

方法：双脚平行站立，将球抛过头顶，待球自然下落至身体正前方，反弹至腰部高度时，用手将球接住。

▶图3-1-1 自抛自接一

▶图3-1-2 自抛自接二

▶图3-1-3 自抛自接三

▶图3-1-4 自抛自接四

2. 球拍夹球

方法：双脚平行站立，采用大陆式握拍法（握拍时，由拇指与食指形成的“V”形虎口放在拍把手的上平面与左上斜面的交界线上，手掌根部贴住上平面，与拍底平面对齐，食指下关节紧贴在右上斜面上），随后，将球抛过头顶，待球自然下落至身体正前方，反弹至腰部高度时，用手和拍面将球夹住。

▶图3-1-5 球拍夹球一

▶图3-1-6 球拍夹球二

▶图3-1-7　球拍夹球三

▶图3-1-8　球拍夹球四

3.双手交替拍球

方法:双脚平行站立,两脚间距离比肩略宽,降低身体重心,将球置于身体正前方依次进行左、右手交替拍球。

▶图3-1-9　双手交替拍球一

▶图3-1-10　双手交替拍球二

▶图3-1-11　双手交替拍球三

▶图3-1-12　双手交替拍球四

4.抛球进筐

方法:球筐放置于身体正前方两米左右的位置,用手将球准确抛进筐内。

▶ 图3-1-13 抛球进筐一

▶ 图3-1-14 抛球进筐二

▶ 图3-1-15 抛球进筐三

▶ 图3-1-16 抛球进筐四

5. 抛球进筒

方法：一手持球，一手持筒，将球抛过头顶，待球自然下落时用球筒准确接住球。

▶ 图3-1-17 抛球进筒一

▶ 图3-1-18 抛球进筒二

▶ 图3-1-19 抛球进筒三

▶ 图3-1-20 抛球进筒四

6. 双手交替抛球Ⅰ

方法：双手拿球，单手将球抛起后进行交替换球。

▶图3-1-21　双手交替抛球Ⅰ一

▶图3-1-22　双手交替抛球Ⅰ二

▶图3-1-23　双手交替抛球Ⅰ三

▶图3-1-24　双手交替抛球Ⅰ四

7. 双手交替抛球Ⅱ

方法：双手拿球，双手同时将球抛起后进行交替换球。

▶图3-1-25　双手交替抛球Ⅱ一

▶图3-1-26　双手交替抛球Ⅱ二

▶图3-1-27　双手交替抛球Ⅱ三

▶图3-1-28　双手交替抛球Ⅱ四

四、双人抛接球练习

1. 互抛进桶

方法：两人相隔两米相对而立，共用一球，各自手持一个标志桶；一人将网球准确抛向另一人，另一人用手中的标志桶接住网球。

▶图3-1-29　互抛进桶一

▶图3-1-30　互抛进桶二

2. 隔线抛接球

方法：两人相隔两米相对而立，中间设置一条明确的界线，相互将球抛给对方，球落地反弹后将球接住，接球时尽量降低身体重心。

▶图3-1-31　隔线抛接球一

▶图3-1-32　隔线抛接球二

3. 隔网抛接球

方法：两人相隔两米相对而立，中间用球网隔开，互相抛球，等待球落地反弹后接住；在接球的过程中，接球者可以根据球的落点积极调整脚步，以确保准确、稳定地接住球。

▶图3-1-33　隔网抛接球一

▶图3-1-34　隔网抛接球二

4.原地抛接球

方法：两人相隔两米相对而立，相互将球抛给对方，要求确保网球在空中完成传递而不落地，接球时尽量降低身体重心。

▶图3-1-35 原地抛接球一

▶图3-1-36 原地抛接球二

5.听声音接球

方法：抛球者双手持球，而接球者则背对着抛球者站立。抛球者随机抛出一个球后，接球者需仔细听球落地反弹的声音，凭借球击地的声音来判断球的方位。紧接着，接球者迅速转身跑向球的位置并在球第二次弹跳之前将球接住。

▶图3-1-37 听声音接球一

▶图3-1-38 听声音接球二

6.移动抛接球

方法：两人相隔两米相对而立，朝着同一个方向做并步移动的同时进行相互抛接球。

▶图3-1-39 移动抛接球一

▶图3-1-40 移动抛接球二

五、单人持拍球感练习

1.球拍滚球

方法:双脚平行站立,将球置于拍面之上,随后令其沿拍框滚动,顺时针或逆时针均可。

▶图3-1-41　球拍滚球一

▶图3-1-42　球拍滚球二

2.低位拍球

方法:双脚平行站立,适度降低身体重心,球拍面朝下并与地面平行,手腕发力快速拍球;在练习过程中,尽量将球控制在球拍的甜点位置。

▶图3-1-43　低位拍球一

▶图3-1-44　低位拍球二

3.正反手击球(凌空球)

方法:双脚平行站立,球拍面朝上并与地面平行,利用小臂和手腕的协调发力,将球向上颠起。在练习过程中,可以灵活切换正反手,尽量将球控制在球拍的甜点位置。

▶图3-1-45　正反手击球(凌空球)一

▶图3-1-46　正反手击球(凌空球)二

▶ 图3-1-47　正反手击球(凌空球)三

▶ 图3-1-48　正反手击球(凌空球)四

4. 正反手击球(落地反弹球)

方法:双脚平行站立,球拍面朝上并与地面平行。手臂发力,将球颠过头顶,等待球自然下落后反弹至腰部高度时,再继续进行颠球动作。在颠球的过程中,需根据球的落点随时调整脚步,以确保能够准确地接住球。

▶ 图3-1-49　正反手击球(落地反弹球)一

▶ 图3-1-50　正反手击球(落地反弹球)二

▶ 图3-1-51　正反手击球(落地反弹球)三

▶ 图3-1-52　正反手击球(落地反弹球)四

5. 正手切球

方法:双脚平行站立,采用大陆式握拍法,将球拍面朝上,准备击球。手腕发力,利用拍面精准地来回切削球的底部,从而制造下旋效果。在练习过程中,尽量将球控制在球拍的甜点位置。

▶图3-1-53 正手切球一

▶图3-1-54 正手切球二

6. 对墙击球

方法：采用大陆式握拍法，将球拍面正对墙面，通过小臂和手腕的协同发力，来回击球于墙面和拍面之间。在击球的过程中，需根据球的落点灵活调整脚步，确保能够准确地接住每一个反弹的球。此外，随着熟练度的提高，还可以根据个人情况适当调整人与墙面之间的距离。

▶图3-1-55 对墙击球一

▶图3-1-56 对墙击球二

六、双人持拍球感练习

1. 双人球拍颠球

方法：两人相对站立，共用一球，均采用大陆式握拍法，球拍面朝上，通过颠球的方式将球传给对方。在练习过程中，双方需密切配合，将球颠过头顶。

▶图3-1-57 双人球拍颠球一

▶图3-1-58 双人球拍颠球二

2. 两人共用一个目标颠球

设定一个特定的正方形目标区域，均采用大陆式握拍法，两人相互配合将球颠入目标区内。在练习过程中，需根据球的落点随时调整脚步，确保能够成功地将球颠入目标区。

▶图3-1-59　两人共用一个目标颠球一

▶图3-1-60　两人共用一个目标颠球二

3. 隔线颠球

方法：两人相隔两米相对而立，中间设置一条明确的界线，双方均采用大陆式握拍法进行颠球；每当球落地反弹后，其中一方需将球颠给对方。

▶图3-1-61　隔线颠球一

▶图3-1-62　隔线颠球二

4. 两人共用两个目标颠球（直线）

方法：在一条直线上设定两个正方形目标区，两人均采用大陆式握拍法，将球精准地颠入对方的目标区域内，要求尽量颠直线。

▶图3-1-63　两人共用两个目标颠球（直线）一

▶图3-1-64　两人共用两个目标颠球（直线）二

5. 两人共用两个目标颠球(斜线)

方法:在一条斜线上设定两个正方形目标区,两人均采用大陆式握拍法,将球精准地颠入对方的目标区域内,要求尽量颠斜线。

▶图3-1-65 两人共用两个目标颠球(斜线)一

▶图3-1-66 两人共用两个目标颠球(斜线)二

6. 隔网击球

方法:两人隔网相对而立,均采用大陆式握拍法,一人将网球击向另一人,另一人等待球落地反弹后,迅速将球准确地击向对方场区。在练习过程中,练习者需要根据球飞行的方向调整自己的击球位置。

▶图3-1-67 隔网击球一

▶图3-1-68 隔网击球二

步法练习

一、步法练习的目的和意义

步法练习的目的在于帮助运动员在赛场上更好地取位，进而更出色地展现自身的技战术能力。

经过合理、科学的步法练习，运动员能够显著提升移动速度，增强腿部反应能力，完善身体的协调性和灵敏性。步法灵活是提升运动成绩的基础，对于运动员在赛场上的表现起着至关重要的作用。

适宜的步法，能够使运动员在比赛中展现出更强的竞技能力。经过科学、规范的步法训练，运动员可以根据球的运行速度和轨迹迅速做出反应，利用合理、适宜、灵活的步法快速到达最佳击球位置，完成击球前的蓄力动作，从而在比赛中占据先机，给对方选手制造压力。同时，这也对运动员树立自信心、保持良好心态起到了积极的推动作用。

二、步法练习注意事项

步法练习对于运动员在比赛中迅速且高效调整位置具有至关重要的作用，换言之，运动员的得分、获胜离不开熟练且灵活的步法。因此，在进行步法练习时，需着重注意以下几点。

第一，应遵循由易到难、循序渐进的原则。运动员可以先从简单、单一的步法练习开始，逐步提升步法的灵活性和身体的协调性。随后，再逐步增加难度，逐步提高要求。

第二，要避免步法练习过于单一化，应融合不同的步法进行综合训练。由于比赛中会出现各种突发状况，这就要求运动员具备快速转换不同步法的能力。因此，在练习过程中，应将各种步法相互结合，使运动员能在短时间内迅速做出反应。

第三，在步法练习中，保持身体的稳定性至关重要。运动员在跑动过程中需调整身体姿态，收紧核心，防止上半身左右摇晃导致重心不稳。在所有重心向前的动作中，应尽可能确保头部的向下投影不超过脚尖。

第四，步法练习应结合比赛实际情况进行模拟训练，注重实战应用。

三、利用绳梯进行步法练习

1. 小碎步

身体正向站立于绳梯一端，小碎步前进时，需确保前脚掌先行着地，随后用力蹬地，借助脚踝的力量推动身体向前。在前进过程中，双脚需依次左右踏入下一格绳梯，并确保双脚完全落在绳梯内。每一步都应保持稳定且有力，节奏感强。

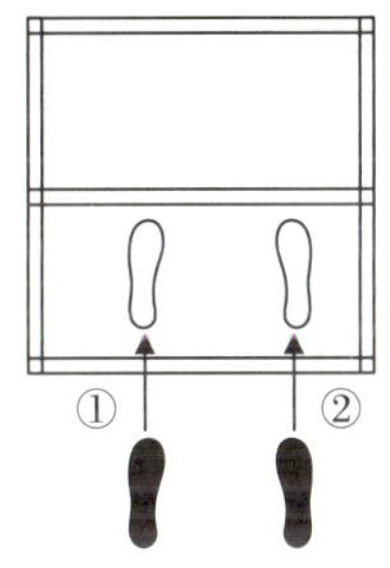

▶图3-2-1 小碎步

2. 前后交替小碎步

身体正向站立于绳梯一端，双脚轻快地进行小碎步动作。首先，依次向前迈两格，随后后退一格，完成一次前后交替小碎步练习。紧接着，继续以小碎步步法向前迈两格，再后退一格，如此往复。步法口诀“前前—前前—后后”。需要注意的是，重心在前后转换时要迅速，前脚掌着地时，脚踝应迅速发力，同时保持身体的稳定姿态和步法的节奏感。

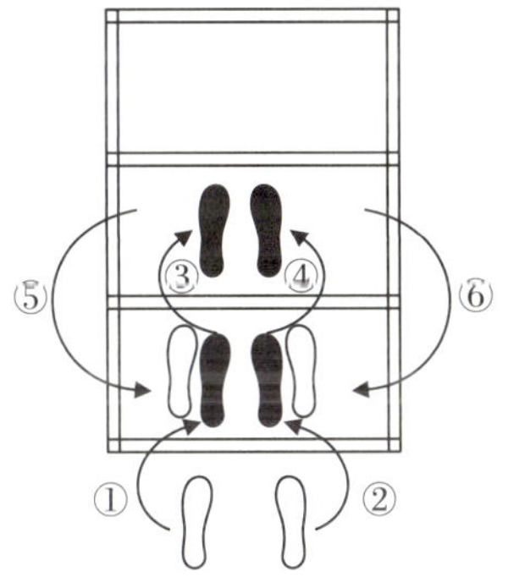

▶图3-2-2 前后交替小碎步

3. 开合跳

身体正向站立于绳梯一端，双脚起跳，双脚落在下一格绳梯的外侧。同时，双手迅速向上击掌。紧接着，双脚迅速蹬地，双脚并拢，稳稳地落入绳梯内，双手则自然地还原于身体两侧，如此往复。在整个过程中，前脚掌着地，落地时前脚掌用力蹬地，踝关节保持紧张制动状态，以增强稳定性。同时，注意双膝微屈，以缓减冲击力，保护关节健康；务必注意发力顺序，确保动作节奏稳定。向前进行的过程中，要保持连贯性，中间不要出现空格或漏格的情况。

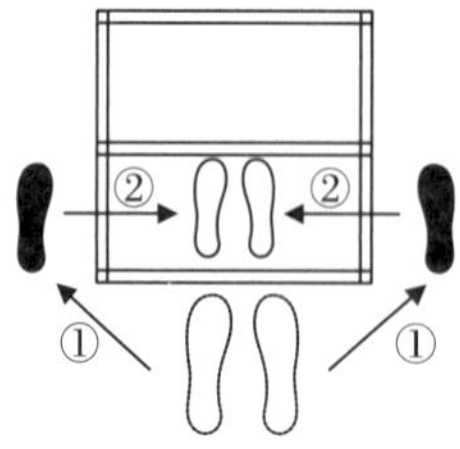

▶图3-2-3　开合跳

4. 双脚交替进出

身体站立于绳梯左侧，右脚踏入绳梯，紧接着左脚踏入绳梯；右脚踏出绳梯并落在绳梯右外侧，左脚在绳梯内完成垫步动作，右脚回撤至绳梯内并稳稳落地；左脚踏出绳梯并落在绳梯左外侧，紧接着右脚踏出绳梯并落在绳梯左外侧。在整个过程中，双脚前脚掌着地，双膝微屈，身体重心稳定下沉，双臂屈臂于体侧，前后自然摆动。为了不断提升训练效果，要求动作逐渐加快，失误率逐步降低，直至整个动作能够流畅自如地完成。同时，双脚落地时要富有弹性，节奏感强。

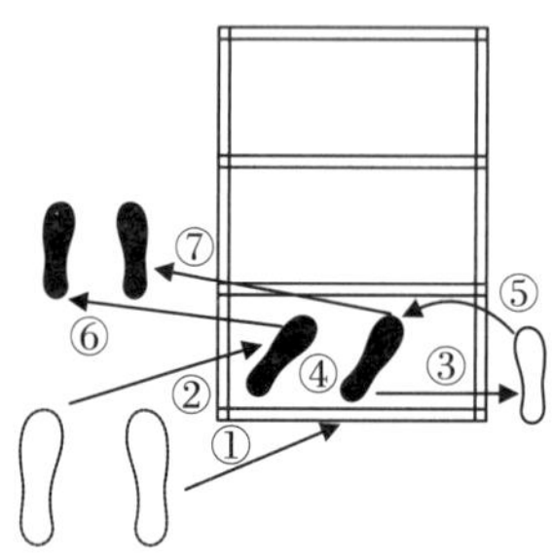

▶图3-2-4　双脚交替进出

5. 双脚多向并脚跳

身体正向站立于绳梯一端，双脚同时发力起跳，落在前方的绳梯内。紧接着，双脚同时发力，蹬跳至绳梯左外侧后跳回绳梯内。随后，双脚同时发力，蹬跳至绳梯右外侧后跳回绳梯内。请注意，每次跳出绳梯后，均要跳回绳梯内，再进行下一次的蹬跳动作。在落地时，应以前脚掌着地，同时双膝微屈以减缓冲击力。双臂屈臂于身体两侧，起跳时自然向上摆动，以保持身体的平衡与稳定。

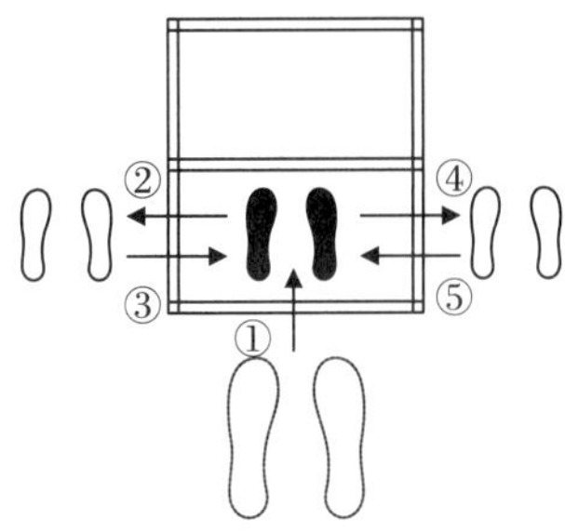

▶图3-2-5 双脚多向并脚跳

6.进进出出

身体正向站立于绳梯一端，双脚前脚掌交替踏入前方的绳梯内，随后蹬地起跳，双脚分别按顺序落在绳梯的外侧后返回绳梯内，如此循环往复。在整个过程中，双脚前脚掌着地，双膝微屈，身体重心略向前倾，双臂自然摆动于身体两侧。需要注意的是，在练习此动作时，应依据个人的熟练程度，逐步提高完成的质量与速度，从而不断提升训练效果。

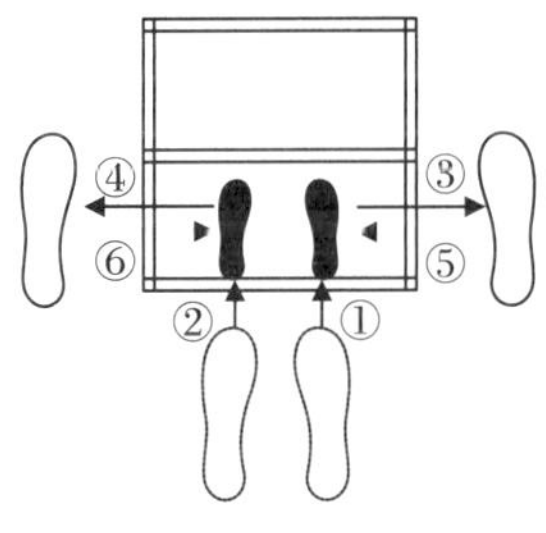

▶图3-2-6 进进出出

7.侧向双脚交替进出

身体正向站立于绳梯一侧，双脚蹬地起跳，紧接着，一脚落在绳梯内，一脚落在绳梯外。随后，双脚再次蹬地起跳，交换双脚的位置，同时向右移动。在整个过程中，不断重复这一循环，持续向右移动。注意在落地时，应以前脚掌着地，双手叉腰，核心部位保持收紧，以确保身体的稳定性和协调性。

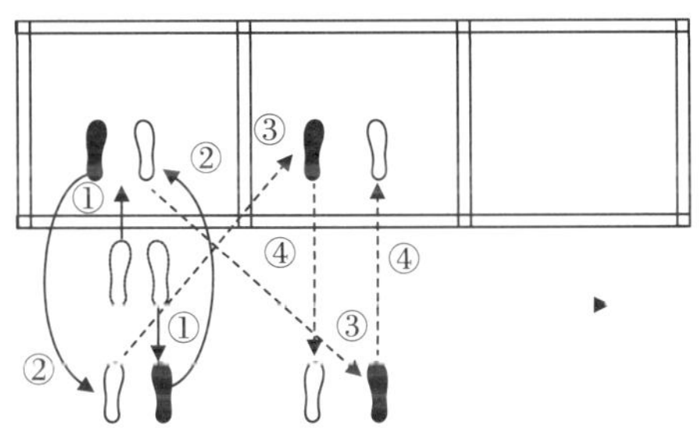

▶图3-2-7 侧向双脚交替进出

8. 侧向单脚刺探步

身体侧向站立于绳梯一侧，靠近绳梯的脚踏入绳梯，另一只脚在原地垫步；随后，绳梯内的脚踏出绳梯，另一只脚在原地垫步；每当完成一个进出过程后，靠近绳梯的脚便踏入绳梯的下一格，继续做相同的动作，如此循环往复。在整个过程中，双脚前脚掌着地，双膝微屈，身体重心稍稍前倾，双臂屈臂于体侧自然摆动。在练习时，注意保持节奏感，落地后的蹬地动作要迅速而有力。

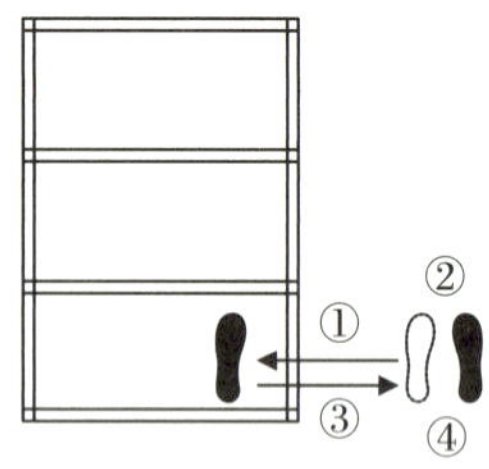

▶图3-2-8　侧向单脚刺探步

四、利用场地标示线进行步法练习

1. 双脚前后跳

身体正向站立于网球场一侧边线外侧，双脚并拢，蹬地起跳至边线内侧，落地时双膝微屈以减缓冲击力，随即迅速发力，双脚蹬地起跳，跳回至原位，如此循环往复。在跳跃过程中，应确保前脚掌着地，双膝微屈，身体重心随跳跃方向自然转换，双臂放至身体两侧，随着双脚的跳动自然摆动。需要注意的是，双脚在跳跃过程中不得触碰边线，且随着练习的深入，应逐渐加快完成速度。

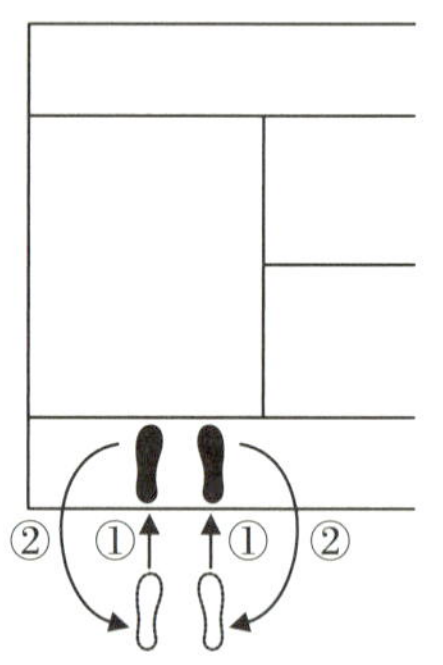

▶图3-2-9　双脚前后跳

2. 双脚左右跳

身体侧向站立于单打边线内侧，双脚并拢，蹬地起跳至单打边线外侧，落地时双膝微屈以减缓冲击力。紧接着，双脚再次蹬地发力，跳回至单打边线内侧，如此循环往复。在跳跃过程中，应确保前脚掌先着地，双膝微屈，身体重心随跳跃方向自然转换，双臂放至身体两侧，随着双脚的跳动自然摆动。需要注意的是，双脚在跳跃过程中不得触碰边线，且随着动作的熟练，应逐渐加快完成速度。这一动作与双脚前后跳的要领相似，只是方向不同。

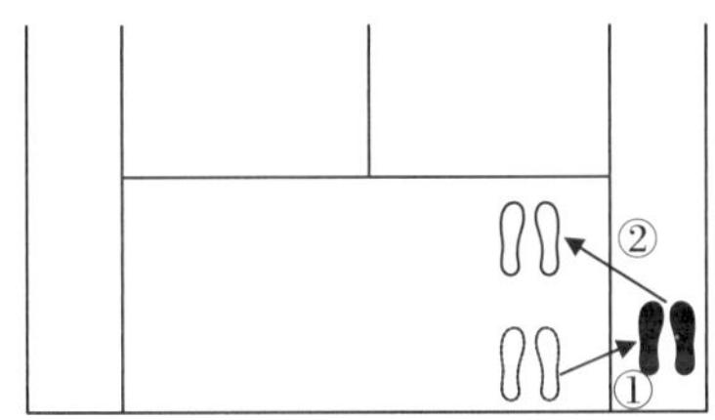

▶图3-2-10 双脚左右跳

3. 左右跨步跳

身体侧向站立于单打边线内侧，左脚蹬地，右脚向右跨至双打边线外侧，右腿屈膝，左腿向后勾小腿，停顿2~3秒后，右脚蹬地，左脚向左跨至单打边线内侧，左腿屈膝，右腿向后勾小腿，停顿2~3秒，如此循环往复。在整个过程中，双臂跟随跳跃的方向自然摆动，同时，始终注意保持身体的重心稳定。

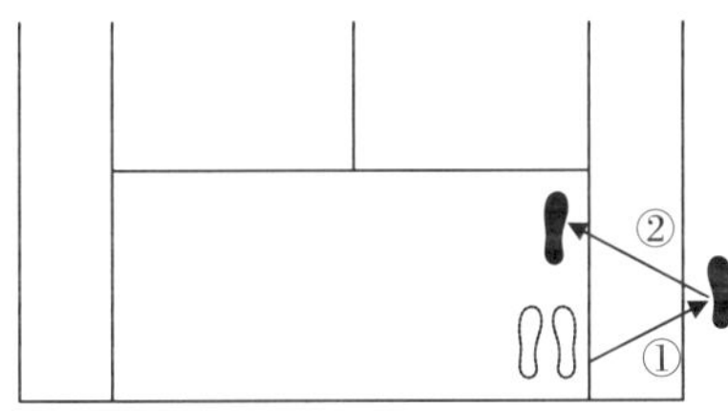

▶图3-2-11 左右跨步跳

4. 蹲跳

身体正向站立于单打与双打两条边线中间的端线外侧，双脚蹬地起跳，分别落在两条边线上或两条边线[illegible]侧，呈半蹲姿势，停顿2~3秒后，双脚蹬地起跳，双脚落至两条边线中间处，呈半蹲姿势，停顿1~2秒，如此循环往复，不断向前推进。在半蹲姿势时，注意膝盖不超过脚尖，双脚脚尖向前，双臂自然摆动。

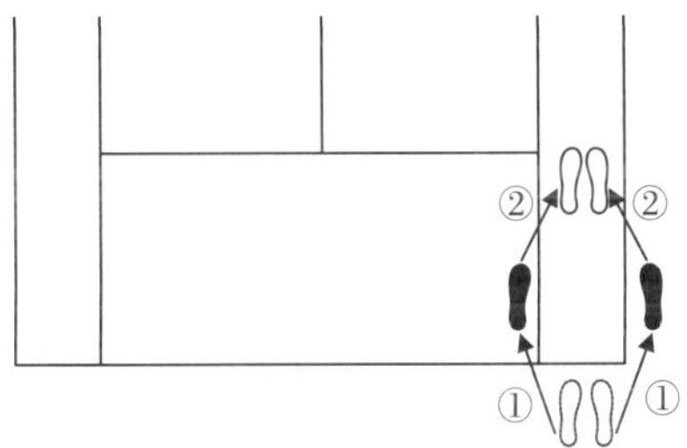

▶图3-2-12 蹲跳

5. 侧滑步

身体正向站立于网球场底线中央(内侧),双脚做侧滑步到双打边线,手触地后蹬地回中;回中后,双脚进行启动步的准备,继续另一侧的侧滑步练习。以右侧侧滑步为例,左脚蹬地,右脚向右侧跨步,左脚自然向右脚方向靠拢,左脚落地后,快速蹬地,右脚随即继续向右侧跨出,落地后,呈弓箭步,右手触地,完成该动作后,右脚蹬地,向左侧滑步返回起始位置。在整个过程中,务必保持重心稳定,滑步动作既要快速又要有足够的步幅。

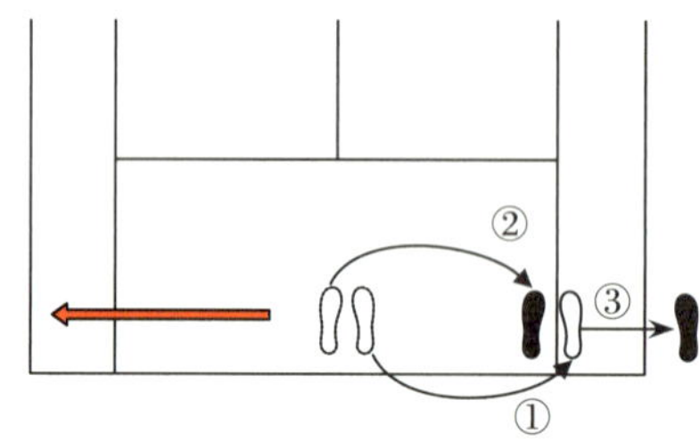

▶图3-2-13　侧滑步

6. 前交叉单脚站立

身体侧向站立于双打边线外侧,双脚自然分开,双脚蹬地,右脚经体前向单打边线跨步,单脚落在单打边线(外侧)处,保持身体平衡后,右脚蹬地,左脚经体前向双打边线跨步,单脚落在双打边线(内侧)处,保持身体平衡,如此循环往复,持续向前移动。在整个过程中,保持肩关节灵活,双膝保持微屈的状态,双臂自然摆动,以保持身体的平衡与稳定。

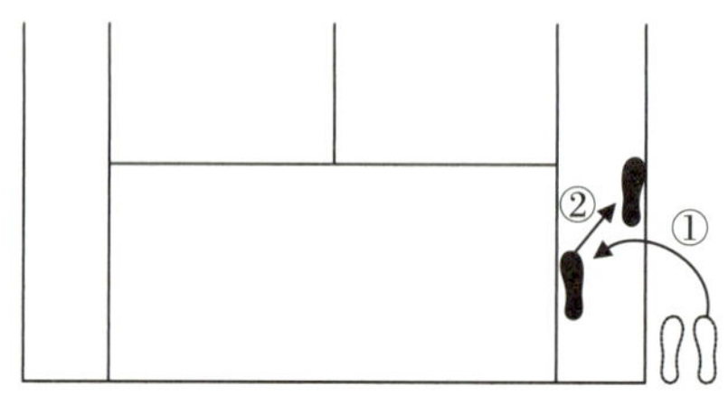

▶图3-2-14　前交叉单脚站立

五、利用标志盘进行步法练习

1. 单脚垫步

身体站立于标志盘一侧,以右脚为例,首先将右脚跨越至两个标志盘之间的间隙,紧接着,左脚用垫步方式向前移动一步,脚尖与右脚脚尖平齐;随后,右脚迅速蹬回至左脚旁,左脚在原地进行一次垫步,如此循环往复。在前进过程中,要确保前脚掌先落地，利用脚踝的发力来增强步伐的弹性，并加快步频。同时，保持身体重心前倾，协调地摆动双臂，以助力快速向前移动。

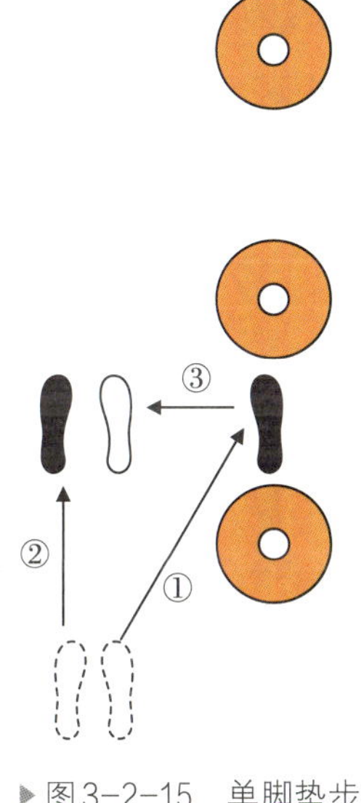

▶图3-2-15　单脚垫步

2. **并步开合跳**

身体正向站立于标志盘一侧，双脚同时用力蹬地起跳，起跳后，双脚精准地落至标志盘的两侧，紧接着，再次蹬地起跳至标志盘之间的间隙，如此循环往复。在落地时，确保双脚的前脚掌先着地，每次落地后，双脚需迅速而有力地蹬地，利用脚踝的发力，有效增强脚步的弹性与力量。同时，手臂的摆动也要与脚部动作相协调，以增强身体的稳定性。

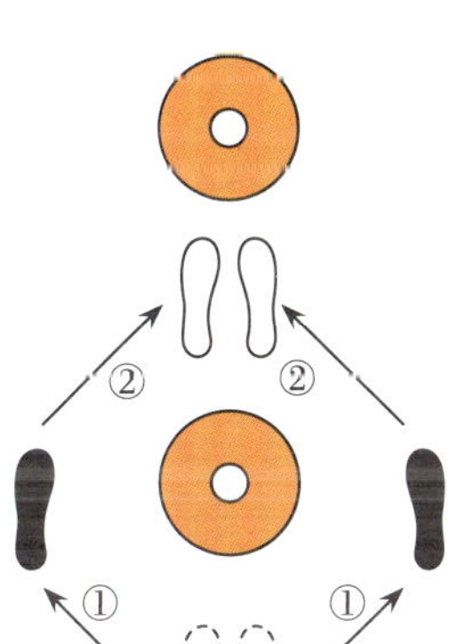

▶图3-2-16　并步开合跳

3. 横向前后交叉步

身体正向站立于标志盘的一侧，以左脚做前后交叉为例，首先将右脚跨越至两个标志盘之间的间隙，紧接着，左脚从身体前侧跨至下一个标志盘间隙。随后，右脚跨至下一个标志盘间隙，左脚则从右脚后侧跨至下一个标志盘间隙，如此循环往复。在整个过程中，身体要随着脚步的移动而流畅地转动，双手放至身体两侧，以保持身体平衡。

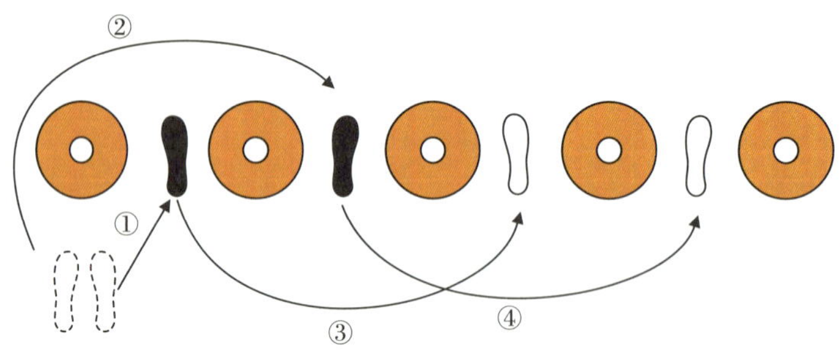

▶图3-2-17　横向前后交叉步

4. 绕8字

横向摆放2个标志盘，间隔1米，以正向站立于左侧标志盘侧面为例。起始时，右脚先行，带动左脚绕至标志盘前侧，随后经过两个标志盘之间的空隙，向下一个标志盘的后侧进行侧滑步，直至达到标志盘的右侧。紧接着，身体向右后方侧身，此时左脚起主导作用，带动右脚再次绕至标志盘前侧，并穿过标志盘间的空隙，向左侧标志盘的后方进行侧滑步，直至达到标志盘的左侧，如此循环往复。在整个过程中，双脚应保持弹性，重心需随着跑动方向的改变而迅速转换，双臂自然放至身体两侧，以保持身体平衡。

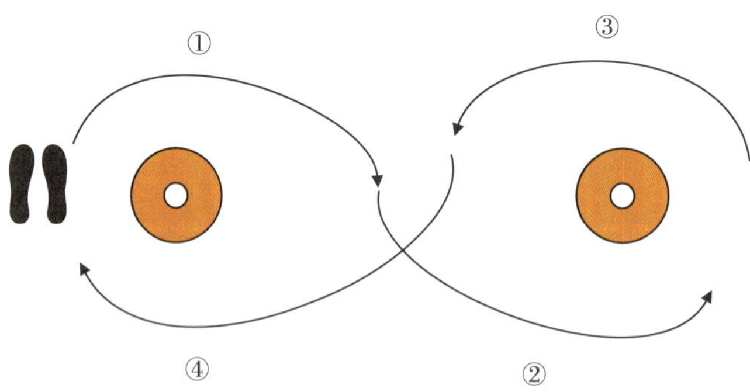

▶图3-2-18　绕8字

5. 前交叉步

以身体正向站立在标志盘左侧为例，左脚做前交叉跨至前方标志盘间隙的右侧，右脚紧跟，双脚落地后进行连续垫步动作；随即右脚做前交叉跨至前方标志盘间隙的左侧，左脚紧跟，双脚落地后进行连续垫步动作，如此循环往复。在整个过程中，双膝应保持微屈状态，双臂自然摆动，以保持身体的平衡与稳定。

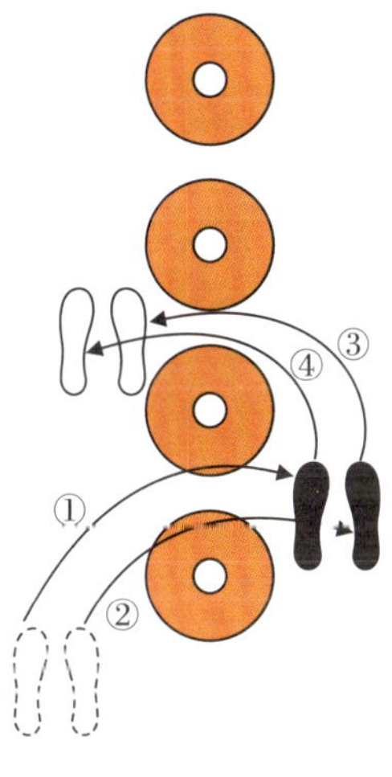

▶图3-2-19 前交叉步

六、利用其他器械进行步法练习

1. 踏板过桥跳

身体站立在踏板一侧，双脚蹬地起跳，先跳至踏板上方，随即跳至原位，落地后再次迅速跳起，越过踏板，落至踏板另一侧；随后换方向进行同样的动作，如此循环往复。在整个过程中，双脚并拢，蹬地迅速而有力，落地时双膝微屈以减缓冲击力，双臂随着跳动的节奏上下摆动。

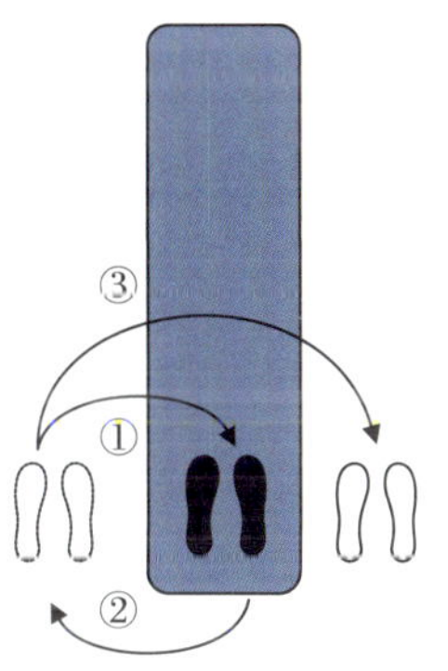

▶图3-2-20 踏板过桥跳

2.踏板左右弓步跳

身体站立于两个踏板之间，双脚同时用力蹬地起跳，分别落至两个踏板上，呈左(右)弓步，两个方向交替进行。在整个过程中，双腿呈弓步形态，并根据弓步的方向适当侧身。对于初学者，可以适当放慢节奏，确保动作准确无误。同时，两臂自然放于体侧，以保持平衡。待动作熟练后，双手可以呈现正反手击球准备姿势。

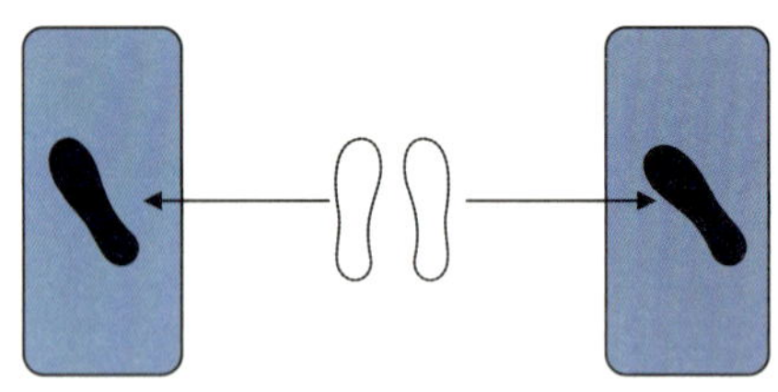

▶图3-2-21　踏板左右弓步跳

3.小栏架侧向高抬腿

身体侧向站立于小栏架的前面。双腿进行高抬腿动作，双脚前脚掌落在小栏架之间的空隙中，随后向右移动一格，同时摆臂的速度逐渐加快。在整个过程中，要求大腿用力向上抬起直至与水平面平行，确保每次抬腿时，大腿与小腿之间的夹角约为90°。

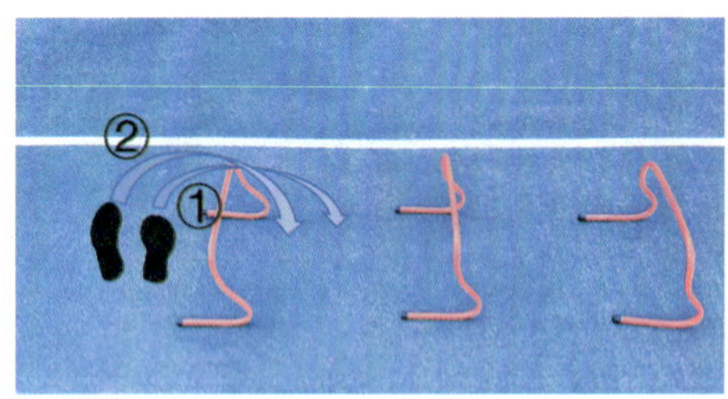

▶图3-2-22　小栏架侧向高抬腿

4.小栏架变向跳

身体正向站立在小栏架的前面，双脚同时向前起跳，落地后迅速蹬地，紧接着向右侧起跳，如此循环往复。在整个过程中，身体始终保持向前的方向，且没有转身的动作。双臂则根据跳动的方向进行相应的摆动。

▶图3-2-23　小栏架变向跳

七、利用跑道线进行步法练习

1.跑道线转胯跳

身体正向站立于跑道线一侧，双腿同时发力蹬地，弹跳起身后，双脚分别落在跑道线的左右两侧。落地时，双膝微屈以减缓冲击力，并立即进行下一次快速蹬跳，恢复站立姿势。在整个过程中，应充分转动胯部，身体始终保持向前的姿态。同时，双臂应自然放于身体两侧，以保持身体的平衡与稳定。

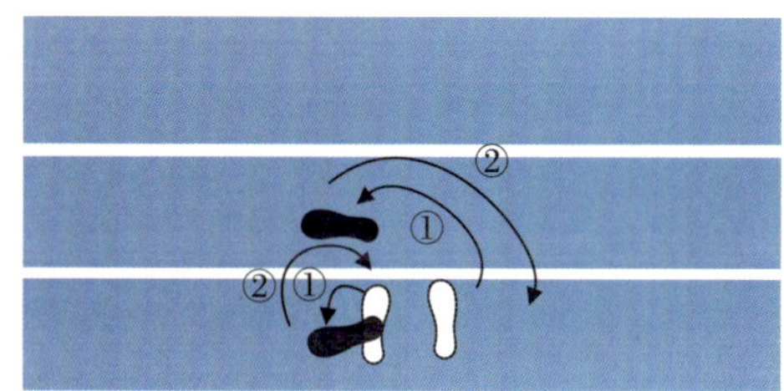

▶ 图3-2-24　跑道线转胯跳

2.跑道线前交叉步法

身体站立在跑道线一侧。以右脚靠近跑道线为例，左脚绕右脚前侧跨步至跑道线右侧，右脚从左脚后侧落至左脚旁，完成后双脚交换进行，右脚回跨，左脚回撤，如此循环往复。在整个过程中，双脚前脚掌着地，双臂自然垂放于身体两侧，以保持身体的平衡与稳定。

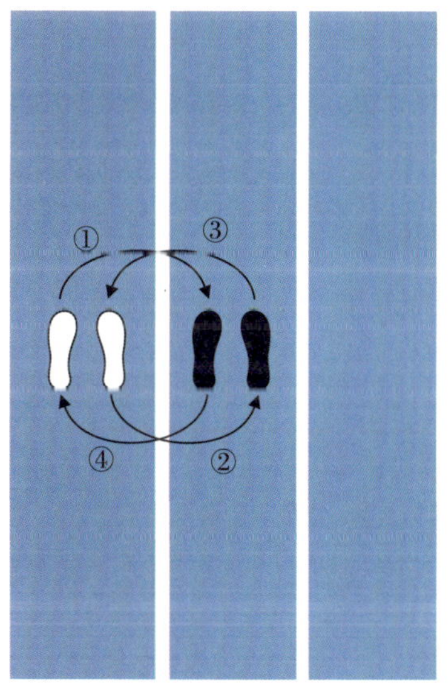

▶ 图3-2-25　跑道线前交叉步法

如何实现有力的击球

一、提升力量素质的重要性

力量素质是人体参与各类活动的基础素质。无论是进行何种体育活动，都需要依赖相关部位的肌肉收缩来带动骨骼的移动。试想，若肌肉缺乏足够的力量，无法有效带动骨骼的移动，那么我们甚至连最基本的站立和跑步都无法完成。因此，力量素质无疑是人体不可或缺的基本素质，更是所有体育活动和劳动得以顺利进行的重要基石。

二、力量素质训练的注意事项

1.训练前务必充分热身

热身活动能有效提升身体温度，加快心率，激活肌肉，使我们迅速进入训练或比赛状态。同时，热身还能提高关节的灵活性，有助于预防并减少运动损伤的发生。

2.遵循循序渐进的训练原则

力量素质训练需要具备持续性和连续性，因此，在训练过程中，我们应从低强度、小运动量的训练开始，逐步增加训练负荷，以达到预期的训练效果，并促进肌肉力量的发展。

3.训练后及时进行放松拉伸

放松拉伸是训练结束后不可或缺的一环。在运动后拉伸放松，可以有效缓解肌肉酸痛，减少乳酸堆积，同时提高身体的柔韧性和协调性，降低未来训练中受伤的风险。

三、力量素质训练方法

(一)上肢力量训练

1.俯卧撑

所需器材:瑜伽垫。

训练方法:首先需确保双臂伸直并与肩同宽,双手支撑垫面(或地面),手指向前,躯干和两腿伸直,从肩膀到脚踝形成一条直线,然后屈臂使身体下降至肩与肘保持在同一水平面上,最后再将身体撑起。

建议:每组进行20次,重复3~5组。

2.弹力带扩胸

所需器材:3米长、6.8~9.1千克的弹力带。

训练方法:双脚平行站立,双手紧握弹力带两端,平举至胸前,然后向两侧拉伸直至手臂完全伸展。保持1秒后,慢慢将手臂收回至胸前。

建议:每组进行20次,重复3~5组。

3.弹力带过顶推举

所需器材:3米长、6.8~9.1千克的弹力带。

训练方法:坐于凳子或椅子上,弹力带置于座位下方,双脚踩紧弹力带一端。双手握住弹力带另一端,双臂屈肘置于肩部上方,掌心朝上。收紧核心肌群,双手向上推举至手臂完全伸展。保持1秒后,慢慢将手臂收回至肩部上方。

建议:每组进行20次,重复3~5组。

4.弹力带二头肌弯举

所需器材:3米长、6.8~9.1千克的弹力带。

训练方法:双脚平行站立,双脚踩在弹力带中心处,保持与肩同宽;双手握住弹力带两端,手臂自然下垂,掌心向内。保持肘部贴近身体两侧,弯曲手臂使二头肌收缩。

建议:每组进行20次,重复3~5组。

5.弹力带向上伸展

所需器材:3米长、6.8~9.1千克的弹力带。

训练方法:坐于凳子或椅子上,将弹力带置于座位下方,双脚踩在弹力带中心处,双手握住弹力带两端置于脑后,肘部弯曲成90°。收紧核心肌群,保持胸腔向下,双手向上推举至手臂完全伸展。保持1秒后,慢慢将双手收回至脑后,肘部保持90°弯曲。

建议：每组进行20次，重复3~5组。

6.弹力带辅助俯卧撑

所需器材：3米长、6.8~9.1千克的弹力带。

训练方法：起始姿势为高平板姿势，将弹力带绕至背部，两端置于地板上，双手置于肩膀下方并按住弹力带两端。收紧核心部位，屈臂使身体下降，手臂向身体两侧靠拢，肘部向后。然后利用三头肌力量推起身体至起始位置。

建议：每组进行20次，重复3~5组。

（二）核心力量训练

1.仰卧起坐

所需器材：瑜伽垫。

训练方法：仰卧于瑜伽垫上，双腿并拢，双手伸直上举。利用腹肌力量收缩，双臂向前摆动，迅速转为坐姿。上体继续前屈，双手触及脚面，低头。然后还原至仰卧姿势，并重复进行。

建议：每组进行30次，重复3~5组。

2.仰卧两头起

所需器材：瑜伽垫。

训练方法：仰卧于瑜伽垫上，双腿并拢伸直，双臂自然伸直置于头后。起坐时，双腿与双臂同时上抬下压，向身体中部聚拢，以胯部为轴使身体对折，然后还原至仰卧姿势，并重复进行。

建议：每组进行20次，重复3~5组。

3.平板支撑

所需器材：瑜伽垫。

训练方法：俯卧于瑜伽垫上，双肘弯曲支撑垫面，肩膀与肘关节垂直于地面，双脚踩实垫面，身体离开地面，保持躯干伸直。头部、肩部、胯部及踝部应保持在同一平面内，核心肌群收紧，脊椎保持延展，眼睛看向地面，均匀呼吸。

建议：每组维持1分钟，重复3~5组。

4.俄罗斯转体

所需器材：瑜伽垫。

训练方法：坐于瑜伽垫上，双腿屈膝抬起，双脚离地，下背部挺直，上背部略呈弓形。通过转动双肩来带动手臂的移动，手接触身体两侧地面，目光跟随双手移动。根据练习者的实际情况，可酌情增加难度，如手持2千克实心球或其他不超过5千克的负重物品进行练习，增加负重后，可适当减少每组次数。

建议：每组进行20次，重复3~5组。

（三）下肢力量训练

1. 深蹲跳

训练方法：双脚分开站立，与肩同宽，胯部突然放松让身体下坠，下坠时臀部后移并收紧，背部挺直，以控制下坠动作。在身体下坠的同时，摆动双臂带动身体起跳。

建议：每组进行15次，重复3~5组。

2. 收腹跳

训练方法：双脚打开站立，与肩同宽，两臂屈肘置于身体两侧。跳跃时，用力收腹，同时收紧臀部和腰部，双臂向上伸直，带动身体向上跳起。落地时，双脚着地，屈膝缓冲，以保持身体稳定。

建议：每组进行15次，重复3~5组。

3. 挺身跳

训练方法：先屈膝下蹲，两手后摆。然后用力向上跳起，同时两臂向后上方摆动，两腿向后下方展开，挺身使身体形成背弓状。落地时，屈膝缓冲。

建议：每组进行15次，重复3~5组。

4. 高抬腿

训练方法：保持上体正直或稍前倾，两臂前后摆动。大腿积极向前上方抬起至水平位置，并带动同侧髋部向前移动。同时，小腿尽量折叠，脚跟接近臀部。在抬腿的同时，另一腿的大腿积极下压，直腿前脚掌着地，重心提起，利用踝关节进行缓冲。

建议：每组维持15秒，重复3~5组。

5. 靠墙静蹲

训练方法：背靠墙壁站立，双脚分开与肩同宽，逐渐向前伸出双脚，使身体呈半蹲姿势，小腿与地面垂直，大腿与小腿之间的夹角约为90°。

建议：每组维持90秒，重复3~5组。

如何更快地到达最佳击球点

在网球比赛中，要想打出创造得分机会的好球，能够快速到达最佳击球点无疑是至关重要的能力之一。而这背后，离不开球员出色的灵敏素质和速度素质作为支撑。

一、灵敏素质的概念

灵敏素质是指人体在各种突然变换的条件下，快速、协调、敏捷、准确地完成动作的能力，它是人的运动技能、神经反应和各种身体素质的综合表现。灵敏素质之所以是运动技能、神经反应和各种素质的综合表现，是因为各专项的每一个动作都不同程度地体现了力量、速度、柔韧、耐力等素质。通过力量特别是爆发力量，控制身体的加速或减速；通过速度，特别是爆发速度，控制身体移动、躲闪、变换方向的快慢；通过柔韧保证力量、速度的发挥；通过耐力保证持久的工作能力。

二、灵敏素质的意义

灵敏素质是协调发挥各种身体素质能力，提高技术动作质量和创造优异运动成绩的重要条件。它在各个运动项目中的作用主要有以下两点。

第一，能够保证人准确、熟练、协调地完成动作，取得优异运动成绩。

第二，能够灵活、巧妙地战胜对手，取得比赛的胜利。

三、灵敏素质训练方法

1. 反应起跳游戏

场地器材：平地、长木棍。

训练方法:参与者围圈站立,面向圆心。一名参与者手持长木棍(棍长超过半径)站在圆心。游戏开始时,持棍者以木棍绕过圈中参与者脚下的方式划圈,一旦木棍经过某位参与者的脚下,该参与者需立即起跳以避免被木棍击中。若被击中,则该参与者需进入圆心替换持棍者。持棍者可以突然改变划圈方向,以训练参与者的反应速度。

建议:每组进行6次,重复2组。

2. 灵敏梯练习

场地器材:灵敏梯、网球场。

训练方法:进行侧向并脚碎步跑方格、快速跑方格、侧向step in进出等练习,以增强身体的灵活性和协调性。

建议:重复4组。

3. 十字象限跳

场地器材:平地、粉笔。

训练方法:使用粉笔在平地上绘制两条互相垂直且交叉的线条,以此将地面划分为四个象限。练习者初始时站在标有数字1的象限位置。一旦听到开始信号,练习者需依次跳入2、3、4象限,并最终返回至1象限(建议在每个象限内标明相应的数字)。完成一圈象限跳即为一次完整的练习。

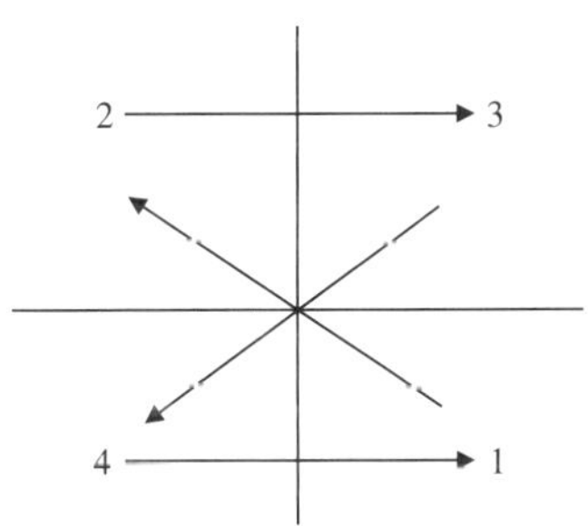

▶ 图3-4-1　十字象限跳示意图

建议:根据练习者的体能状况,每组可跳2~5圈,重复3~5组。

注意事项:在练习过程中,双脚应同时起跳,并同时着地,以确保动作连贯且稳定。同时,务必注意在跳跃过程中适当屈膝以减缓落地时的冲击力。

4. 米字跑

场地器材:平地、八个标志桶。

训练方法:按照图3-4-2所示设置场地。练习者站在起点位置,一旦听到开始的指令，便按照图示从起点出发，摸到1号标志桶并返回起点，接着依次经过剩余的2、3、4、5、6、7、8号标志桶，最后从8号标志桶位置回至终点，完成整个测试。需记录完成测试所需的时间。

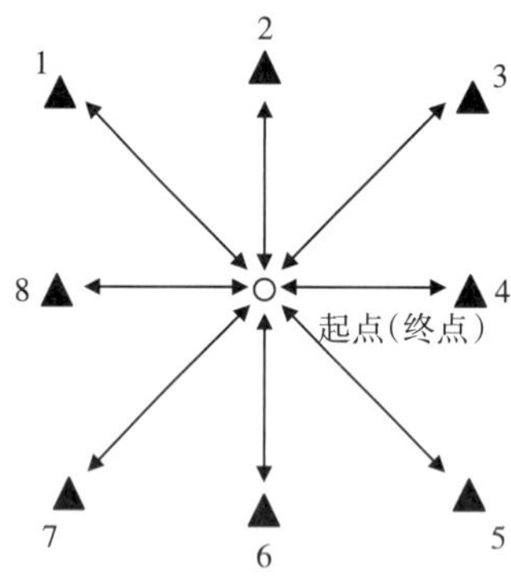

▶图3-4-2　米字跑示意图

建议：一次循环为一组，重复3~5组。

注意事项：在折返过程中，注意转身时脚部的蹬地动作，确保动作流畅，避免受伤。

5.T形跑

场地器材：平地、四个标志桶。

训练方法：按照图3-4-3所示设置场地；当听到开始信号时，练习者从A标志桶的位置出发，以最快的速度跑到B标志桶并触摸；接着，向右转向，迅速跑至C标志桶并触摸；然后，迅速转身，跑至D标志桶并触摸，再折返回到B标志桶并触摸；最后，跑回A标志桶并越过，测试结束。需记录跑动所用的时间。

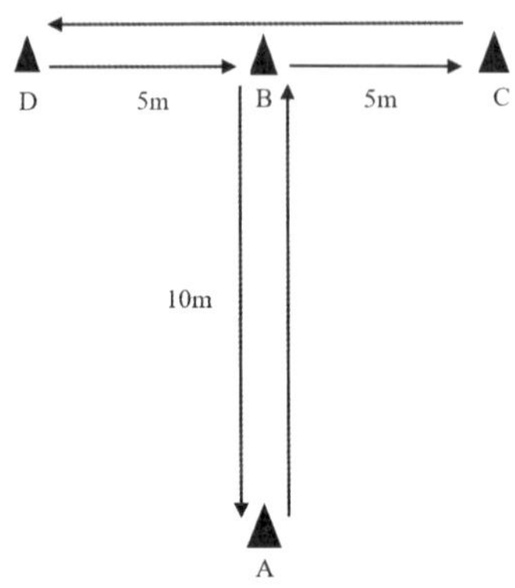

▶图3-4-3　T形跑示意图

建议：一次循环为一组，重复3~5组。

注意事项：若在跑动过程中不慎碰倒标志桶，请在原地恢复标志桶位置后，再继续进行测试。

四、速度素质的概念

速度素质是指人体或人体某部位所展现出的迅速运动的能力，即快速做出反应并完成相关运动动作的能力。这一概念涵盖了三个核心方面：一是对各类信号刺激的迅速响应能力；二是快速而精准地完成运动的能力；三是迅速穿越一定距离的能力。简而言之，速度素质可细分为反应速度、动作速度以及位移速度。

五、速度素质的意义

速度素质作为人体基础身体素质的重要组成部分，在身体训练中占据着举足轻重的地位。提升人体的快速运动能力，即增强速度素质，对于运动表现的优异程度具有决定性的意义。

六、速度素质训练方法

1.追逐游戏

场地器材：网球场。

训练方法：两队队员相距2米，面对面站立，根据教练的指示，确定哪队为单数队，哪队为双数队。随后，按照事先设定的规则（如教练喊单数时，单数队队员跑，双数队队员追；喊双数时，则双数队队员跑，单数队队员追），一队跑，一队追。在15~20米的距离内，若追队成功追上，则判为胜，反之，则为败。

建议：每组进行6次，重复2组。

2.抢球游戏

场地器材：网球若干、网球场。

训练方法：在网球场上，用网球摆放成一个圆圈，球的数量应比参与练习的人数少一。游戏开始时，练习者围绕网球慢跑，当听到教练发出的信号时，练习者需尽快就近抢球。未能抢到球的练习者将被淘汰，随后移除一个网球，游戏继续进行。在每轮游戏中，成功抢到球的练习者将获得一分，最终得分高者胜出。

建议：练习者在10人以内，完成3~5组；练习者在10人以上，完成2~3组。

3.俯卧听哨起跑

场地器材：网球场。

训练方法:练习者采取俯卧姿势在跑道上就绪,双手与肩同宽,臀部与肩同高,双腿伸直,双脚并拢,上体与地面保持平行。当听到哨声之后,直接起身,以最快的速度跑出去。

建议:跑动距离不少于20米,重复不少于5组。

4. 折返接球

场地器材:网球场、网球、标志物。

训练方法:练习者身体两侧放置高度适中的标志物,两标志物之间的间距约为3米。同伴手持网球站于练习者正前方。练习者以高频的高抬腿动作进行预备,当听到"左""右"等方位词后,练习者需迅速反应,触及对应的标志物。完成触摸后,同伴将网球传给练习者,练习者需准确接住网球,并随即将网球回传给同伴。

建议: 重复不少于5组。

5. 绳梯接球练习

场地器材:网球场、绳梯。

训练方法: 练习者站立于绳梯的一端,两名同伴站在练习者前方,其中一位同伴手持网球。练习者在绳梯上进行快速小步跑练习,与此同时,持球同伴向练习者传球,练习者需准确接住球,并立即将球回传给前方的任意一名同伴。

建议:每组进行6次,重复2组。

如何成为久打不累的“金霸王”

一、提升耐力素质的重要性

耐力素质，即机体在长时间进行肌肉活动时，能够持续抵抗疲劳的能力，是任何运动项目中都不可或缺的关键要素。尤其在竞技比赛中，除了技术的比拼，良好的耐力更是决定胜负的关键。以网球为例，当双方实力相当，比赛可能延续数小时之久。若缺乏耐力，运动员难以维持良好的接球位置，技术动作也难以发挥到位，从而陷入被动。实践表明，在缺乏耐力素质的情况下，即便拥有出色的力量和速度，也难以充分发挥优势，更难以取得胜利。因此，对于网球运动而言，耐力素质的培养至关重要。

二、耐力素质训练的注意事项

1.关注练习者的身体发育特点

耐力素质训练应遵循个体性原则，根据每个人的不同特点进行针对性安排。特别是在推广快易网球、吸引更多学生参与的背景下，我们面对的是不同年龄段的练习者，尤其是未成年群体。因此，在耐力训练中，需要制订有针对性的练习方案。同时，长时间持续运动可能导致体力消耗过大、极度疲劳和动作不协调等问题，而且耐力训练往往涉及单调动作的重复练习，容易使练习者（特别是小孩）感到枯燥无味，进而影响他们对网球运动的兴趣和积极性。

2.制订科学合理的训练计划

我们应根据练习者的特点，合理安排周期训练时间，制订详尽周密的训练计划。不同周期的计划应包含不同的耐力素质训练内容，以确保练习者在比赛中能够保持良好的耐力水平。

3.培养坚韧不拔的意志力

耐力训练不仅是对身体的考验,更是对意志力的挑战。当身体运动达到极限时,意志力将发挥至关重要的作用。缺乏坚定的意志力,训练效果将大打折扣,训练水平也难以提升。因此,在网球运动中,同样需要培养顽强的意志力。

此外,建议将耐力素质训练项目放在其他训练项目之后进行。

三、耐力素质训练方法

1.定点折返跑

训练方法:在网球半场设定8个标志点,包括拦网的两端、发球线的两端、底线的两端,以及发球线和底线的中点。从底线中点起跑,按照预定路线跑至各个点位并触碰标志桶,每次折返均须回到中点,再继续下一个点位的跑动。每次练习都要计时,争取在最短时间内完成全程,共完成5~6组。

2.接球练习

训练方法:练习者进行快速移动接球训练。练习者在教练前1.5~2米处等候,一旦球被教练抛出,练习者需迅速移动至最佳位置接住球,然后返回至教练处准备下一次接球。球抛出的距离和方向每次均不相同,每组进行15次接球,共完成5组。

3.触线折返跑

训练方法:从网球场底线起跑,跑至发球线并用脚踩线,随即折返回到底线并用同一只脚踩线,然后跑至中线换另一只脚踩线,再返回底线,共完成5~6组。每次练习均计时,力求在最短时间内完成。

4.小步跑和车轮跑

训练方法:在网球场边线分别进行小步跑和车轮跑,20米为1组,共完成5~6组,每组之间休息1分钟。

5.“8”点跑动挥拍练习

训练方法:在网球半场设定8个标志点,包括拦网的两端、发球线的两端、底线的两端,以及发球线和底线的中点。从发球线中点起跑,依次跑至各个点位并进行挥拍击球动作,每次折返均须回到发球线中点,再继续下一个点位的跑动与挥拍,共完成5~6组。

6. 球拍搬运球

训练方法:在两侧底线处设定搬运区域,一侧放置20个网球。练习者从另一侧底线起跑,快速跑到有球一侧,将球放在球拍上,然后返回起点放下球拍上的球,继续下一轮搬运,直至所有球均搬运至起点。每组练习均由教练计时,共完成5组。

7. 无球组合技术练习

训练方法:从底线中点起跑,跑至网前进行正手截击练习,然后迅速返回底线进行正手击球练习,接着再跑至网前进行反手截击练习,并快速返回底线进行反手击球练习,共完成5组。

8. 连续击球练习

训练方法:教练从左右两侧大角度"喂球",练习者需连续击中球20~30个,完成1组后休息3分钟,共完成4~5组。

练习后的拉伸放松

一、发展柔韧素质的意义

柔韧素质是指人体关节在不同方向上的灵活运动能力，以及肌肉、韧带等软组织的良好伸展性。作为五大身体素质之一，柔韧素质对于身体健康至关重要，它直接关系到个体的整体健康水平。优秀的柔韧素质不仅能提升运动员在网球项目中的运动表现，还能有效预防运动损伤，延长运动生涯。在网球运动中，身体的柔韧性发挥着至关重要的作用，它影响着运动员整体身体素质的发展，因此近年来备受重视。在网球运动开始前，加强踝关节、膝关节、髋关节、躯干部位、肩关节、肘关节和腕关节的柔韧性训练，有助于运动员在击球时充分利用身体各关节部位，预防肌肉拉伤，促进关节舒展，从而提升运动表现。而在网球运动结束后，肌肉中积累的物质可能导致肌肉紧张、酸胀等问题，进而引发身体疲劳和四肢乏力。此时进行适当的拉伸放松能有效缓解这些状况，减轻疲劳感。例如，拉伸可以减少乳酸在肌肉中的积累，从而缓解运动后的疲劳感，加速身体状态的恢复。此外，运动后的身体仍处于兴奋状态，此时进行柔韧素质训练能进一步提升关节的活跃度，增强身体的柔韧素质，形成良性的训练循环。

二、柔韧素质训练的注意事项

（1）若存在由骨折或扭伤引起的关节不稳定、柔韧素质训练部位的外伤并伴有感染发炎、肌肉、肌腱、韧带等急性损伤或明显疼痛等情况，应避免进行柔韧素质训练。

（2）在进行柔韧素质训练时，应遵循适度原则，避免过度拉伸导致肌肉疲劳或损伤。建议在专业人员的指导下进行训练，确保动作的正确性和安全性。

(3)确保训练场地的安全性。练习者之间应保持适当距离，避免在训练过程中发生碰撞，造成不必要的身体损伤。

(4)在进行柔韧素质训练时，用力应柔和且循序渐进，避免过度用力导致韧带拉伤。每个人的身体柔韧性存在差异，因此，应根据个人实际情况制订训练计划，从掌握基本动作要领开始，逐步提高训练的强度和持续时间。

(5)建立柔韧素质训练应急预案。准备冰敷袋等急救用品，以便在意外扭伤等情况下及时进行冰敷处理，减轻肿胀并促进恢复，为后续治疗提供便利。

三、柔韧素质训练方法

1.慢跑

场地器材：田径场、网球场等平坦的塑胶场地。

训练方法：在田径场或网球场进行慢跑活动。在慢跑过程中，保持肩颈放松，两臂自然前后摆动，大腿放松，步伐小而轻盈。此外，可以尝试加入侧身滑步跑和后退跑。在侧身滑步跑时，左右脚沿一条线移动，例如向左跑时，右脚先从左脚之前向左移动一步，左脚则从右脚之后向左移动一步，右脚从左脚之后向左移动一步，左脚则从右脚之前向左移动一步，如此重复。侧身滑步跑时，需注意身体不要上下起伏，重心保持在两脚之间。在后退跑时，两脚提踵，用前脚掌交替蹬地，提膝向后跑动，上体保持直立，两臂屈肘摆动，保持身体平衡，两眼平视，注意场上情况。后退跑时，需注意速度不宜过快，以避免摔跤或受伤。慢跑能有效促进血液循环，使肌肉变得温暖，激活全身肌肉，提高心肺功能，为后续的柔韧素质训练打下良好基础。

建议：持续5分钟。

2.颈部拉伸

场地器材：平地。

训练方法：颈部拉伸主要通过头部环绕动作进行，包括向上抬头、向下低头和向左右侧头，以拉伸颈部肌肉。在拉伸过程中，请保持动作缓慢而稳定，避免过度用力或突然的动作。

建议：顺时针和逆时针各进行2~4个4拍的转头，头部分别向前、后、左、右方向逐渐加力，每个方向保持5秒钟。

▶图3-6-1　颈部拉伸一

▶图3-6-2　颈部拉伸二

▶图3-6-3　颈部拉伸三

▶图3-6-4　颈部拉伸四

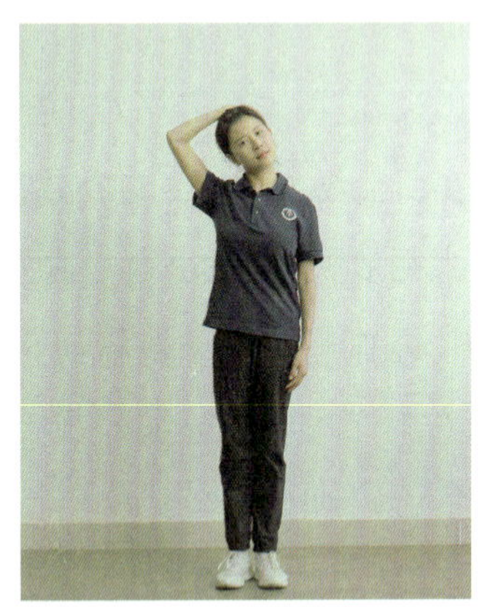
▶图3-6-5　颈部拉伸五

3. 手腕拉伸

场地器材:平地。

训练方法:首先,将双手自然伸直,举至身前;接着,以手腕为圆心,进行画圈运动。在画圈过程中,应尽量扩大手腕的运动幅度,以充分伸展手腕部分的肌腱。这一动作有助于促进手腕处的血液循环,缓解手腕的紧张与疲劳。

建议:正向与反向画圈各进行10次为1组,重复3组。

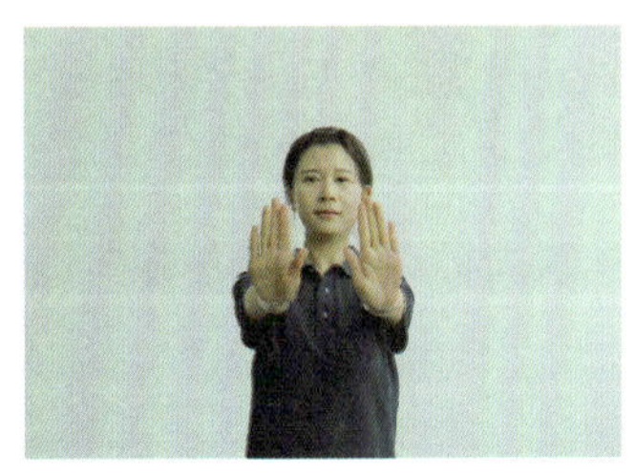
▶图3-6-6　手腕拉伸一

▶图3-6-7　手腕拉伸二

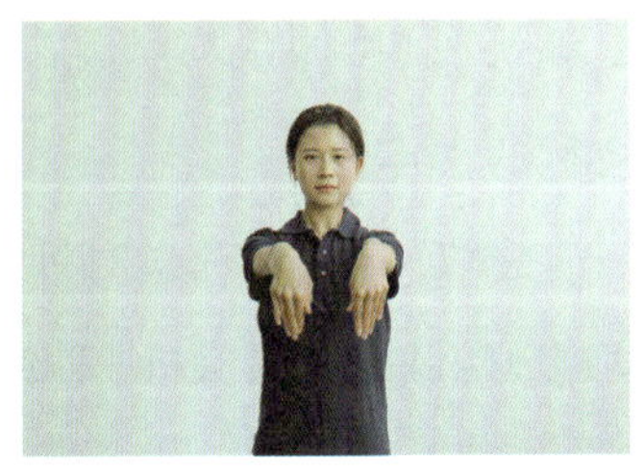
▶图3-6-8　手腕拉伸三

4. 提踵

场地器材:平地。

训练方法:提踵练习主要动作为踮起脚尖、提起脚后跟,通过这一连贯动作不断加深对小腿肌肉的拉伸感受,同时也能对脚腕部分进行有效的柔韧度锻炼。

建议:每组提踵练习共进行10次,重复2组,每组练习之间休息5秒钟。

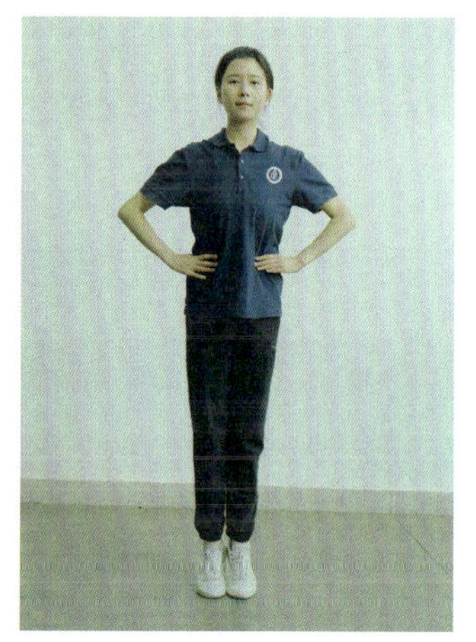

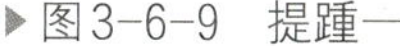

▶图3-6-9　提踵一

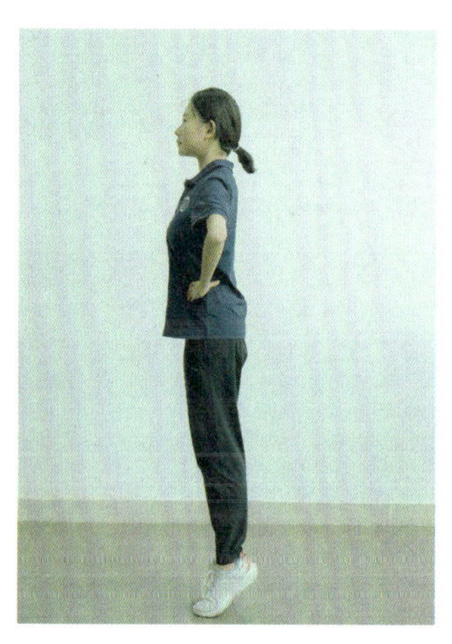

▶图3-6-10　提踵二

5. 眼镜蛇式

场地器材:平地、瑜伽垫。

训练方法:练习者俯卧于垫上,双腿并拢,紧贴地面,双臂伸直,置于胸部两侧,手肘紧贴身体。双手用力向下按压地面,支撑起身体,同时向上抬起上半身,抬头挺胸,使脊柱向前上方延伸,胸腔充分展开,双臂伸直。腹部内收,确保身体重量主要由双腿和手掌承担,此时手掌应位于胸部正下方。撑起后,头部可微微后仰,在练习过程中仔细体会腹肌的拉伸感。

建议:每组保持1分钟,重复3组,每组之间休息5秒钟。

▶图3-6-11　眼镜蛇式

6. 风吹树式

场地器材：平地。

训练方法：练习者挺直腰背站立，双腿并拢，双手自然下垂至身体两侧。吸气时，双臂向两侧平举，同时确保脚掌稳定地贴在地面上，感受身体向两侧的延伸，此时，脊柱应向上挺拔。呼气时，收紧腰腹部肌肉，双臂向上伸直，掌心相对，与肩同宽，左手大拇指在上，右手大拇指在下，十指相扣。翻转掌心向外，大拇指分开，小拇指贴合，保持此姿势并深吸气，注意保持左右肩膀水平，避免高低不平。在呼气过程中，以双臂的带动为引，使腰部以上的部位缓慢向左弯曲，如同挺拔的树干被风吹弯，头部转向上方，保持这一姿势并呼吸2~5次。吸气时，身体逐渐回归正中，双手还原至身体两侧，回到起始姿势，然后换另一侧进行练习。此动作能有效拉伸腹外斜肌和腹内斜肌，提升腰部和脊柱的柔韧性。

建议：向左弯曲与向右弯曲为1组，重复3组，每组之间休息5秒钟。

▶图3-6-12　风吹树式一

▶图3-6-13　风吹树式二

▶图3-6-14　风吹树式三

7. 前弓步压腿

场地器材：平地。

训练方法：练习者双脚站立，随后左脚向前迈出一大步，并弯曲至近90°，同时身体下压并保持挺直。右脚则保持原位，同样维持伸直状态，注意两脚的全脚掌都应平稳着地。随后，双手交叉置于膝盖之上，目光直视前方，保持此姿势数秒后，换右脚重复相同动作，两腿交替进行。在练习过程中，应确保后腿充分蹬直，上体始终保持挺立。此动作主要针对臀部及腿部肌群进行锻炼，练习者需仔细感受臀部与腿部肌肉的拉伸感，从而有效提升力量，并增强下肢肌肉的稳定性。此外，由于前弓步压腿是一个涉及多个关节的动作，因此还需要核心肌群的支持来维持身体平衡，从而实现对腹肌、腰肌、胸肌及肩部肌肉的有效锻炼。

建议：每侧腿练习保持1分钟，左右腿各练习1次为1组，重复3组，每组之间休息30秒钟。

▶图3-6-15 前弓步压腿一

▶图3-6-16 前弓步压腿二

8.侧弓步压腿

场地器材：平地。

训练方法：练习者双脚站立，随后右脚向右跨出一大步，左脚随之弯曲，同时右腿保持伸直状态。在弯曲左腿的同时，身体应适度下压，尽量保持右腿的伸直状态，也可微微前倾以增加难度。双手可自然放置于两侧腿上或交叉置于弯曲的左腿上，保持此姿势数秒后，换右脚弯曲，左脚伸直，其余动作保持不变。在练习过程中，练习者应仔细感受大腿内侧与外侧的拉伸感，并通过控制身体平衡与稳定来逐步增强腿部和臀部的柔韧性。

建议：每侧腿练习保持1分钟，左右腿各练习1次为1组，重复3组，每组之间休息30秒钟。

▶图3-6-17 侧弓步压腿一

▶图3-6-18 侧弓步压腿二

9. 前后绕肩

场地器材：平地。

训练方法：练习者站立于地面上，保持身体直立，确保脊柱处于自然挺直状态，双肩下沉，肩颈部位放松，弯曲手肘，将双手置于双肩膀上，以肩膀为旋转中心，大臂为轴，依次进行顺时针和逆时针方向的绕肩动作，尽量画出最大的圆形轨迹。在练习过程中，练习者应密切关注肩袖肌群的拉伸感，同时带动背部、手臂和胸部等部位的肌肉群进行协同工作，以达到减轻肩部紧张、缓解酸痛的效果。

建议：顺时针方向和逆时针方向各绕肩15圈为1组，重复2组，每组之间休息5秒钟。

▶图3-6-19　前后绕肩一

▶图3-6-20　前后绕肩二

▶图3-6-21　前后绕肩三

10. 抬臂头上伸展

场地器材：平地。

训练方法：练习者站立于平地上，双手举过头顶，置于脑后。紧接着，用一只手握住另一只手的肘部，并慢慢向内侧拉动，直至感受到明显的拉伸感，保持此姿势30秒钟。随后，换另一侧手臂重复上述动作。此动作主要针对肱三头肌和肩膀上部肌肉进行拉伸，练习时应重点关注这些部位的拉伸感受，并在拉伸过程中保持自然的呼吸节奏，避免屏气。

建议：每只胳膊保持30秒钟后换胳膊，左右胳膊各完成1次即为1组，重复2组，每组之间休息5秒钟。

▶图3-6-22　抬臂头上伸展一

▶图3-6-23　抬臂头上伸展二

▶图3-6-24　抬臂头上伸展三

▶图3-6-25　抬臂头上伸展四

第四章

"快易网球"我会玩——趣味网球小游戏

本章主要介绍网球游戏对提升基本身体素质、专项技能以及心理健康的积极作用，网球游戏内容选择与实施时的注意事项，各类网球相关游戏活动的实施方法与效果等内容。

网球游戏的作用及注意事项

一、网球游戏的作用

游戏作为运动项目学习中的重要组成部分，对于激发学习兴趣、提升学习效果具有不可替代的作用。在教学过程中，合理利用体育游戏不仅能够提升教学效果，还有助于学生在身体素质、运动技能、学习能力以及生活健康等多个方面取得积极进展。

网球相关游戏通过运用简易器械、改编其他球类规则以及采用灵活的组织形式进行。大量研究表明，体育游戏对网球运动具有显著的促进作用。在身体素质方面，它有助于提升基本身体素质，发展网球专项技能，如增强专注力、提高反应速度、加强身体协调性；在课堂学习上，它能够帮助学生体验课堂乐趣，激发学习兴趣，提高学习积极性，并加深对技术动作的理解；在日常生活中，它能够加强人际交往，增强自信心，提升合作意识和沟通能力，促进身心健康发展，培养从小锻炼的良好习惯。

二、网球游戏内容选择与实施时的注意事项

(1)安全性：在任何教学环节中，安全始终是首要考虑的因素。在游戏开始前，应充分进行热身和放松活动，合理控制游戏活动量，并针对不同性别学生采取差异化措施，以降低受伤风险。

(2)针对性：游戏内容与专项技术的实际应用应保持高度一致。游戏的目的不仅是增加课堂趣味性，还应作为课堂学习内容的导入环节，以实现教学效果的最大化。

(3)趣味性：增强课堂趣味性是游戏的主要目的之一。足够的趣味性能够使学生保持对网球课的专注力，更积极地参与学习和训练，同时加强师生间的互动交流，有助于培养学生对网球学习的长期坚持性。可以尝试鼓励学生自行设计或改编游戏规则，以激发其参与游戏的兴趣，同时培养他们的自主创新能力。

(4)因材施教:网球游戏的内容和方式应根据学生的能力水平进行个性化设计。通过调整游戏的运动量、难度和规则,以适应不同学生的需求。考虑到快易网球主要针对学生,学生在身体素质和运动能力方面可能存在较大差异,因此,在游戏设计和实施过程中应循序渐进,从易到难。

网球游戏实例

一、手球大战

游戏方法：该游戏适宜10~16人参与，规则类似于足球比赛。在12米乘以20米的场地上，两端底线处设置宽度为2米的球门，不使用守门员。学生分成两队，队员需用手进行网球的传接。接住球后，该队员不得再移动，需将球传给其他队员或传入球门且球的高度不得高于膝盖，每成功传入球门一次即得一分。得分高的一队胜出。

注意事项：男女生应根据运动能力进行平均分配；游戏过程中禁止拉拽、推搡等危险动作，避免发生冲撞。

游戏作用：此游戏旨在提高学生的手眼协调性、观察能力以及快速反应能力，并增强对网球的空间感知能力。

二、保护不倒翁

游戏方法：该游戏适宜5~12人参与，场地可设置为方形或圆形，每人间隔保持在2~3米。每位参与者需将网球拍头朝下立于地面，单手扶住。听到口令后，需快速按照同一方向跑动至指定位置扶住球拍，教师负责控制发令的节奏。为增加趣味性和挑战性，可设置淘汰机制。

注意事项：游戏开始前，需明确规定跑动方向（顺时针或逆时针）。

游戏作用：此游戏旨在锻炼学生的快速反应能力和短距离移动能力，同时提高专注力。

三、一往无前

游戏方法：该游戏适宜12人及以上参与，至少分为3组。在场地中央绘制半径约为10米的圆圈，圆心处放置一筐网球。圈外将学生分为若干组，每组每次只能派出一名队员跑到圆心处取球并带回自己“营地”。在规定时间内，获得球数量最多的小组获胜。跑动路线中可设置器材增加难度，如跳跃小栏架、绕行标志筒等。

注意事项：分组时，每组人数不宜超过5人，并确保各小组之间保持安全间距。

游戏作用：此游戏旨在锻炼学生的快速跑动能力，提升反应速度和身体协调性。

四、蚂蚁搬家

游戏方法：该游戏适宜12人及以上参与，至少分为3组。场地布局为正方形或圆形，确保从中点出发到各个“营地”距离相等，同时各“营地”间也需保持一致的间距。在场地中央摆放一定数量的网球。在游戏过程中，参与者需将网球搬运至各自“营地”的网球拍上，并妥善放置，亦可前往其他“营地”取球。每个“营地”至少需有3名成员，每次仅允许一人取一球，成员间需轮流外出取球。最终，在规定的时间内，以“营地”内球的数量多少判定胜负。

注意事项：分组时，应尽量确保各组实力相当；在跑动过程中，参与者需注意观察四周，避免发生碰撞。

游戏作用：此游戏旨在锻炼学生的观察能力和快速反应能力，同时提升跑动速度和耐力。

五、发射卫星

游戏方法：该游戏适宜5~8人组成的小组进行。教师需对每位学生进行数字编号，并要求学生以2~3米的间隔横排或围成圆圈站立。游戏开始时，学生需持拍在原地或跑动中连续颠球（控制球的高度在50厘米左右），待教师喊出任意编号后，对应编号的学生需将球颠至约2米的高度，并成功接住后继续颠球。

注意事项：游戏开始前，教师应明确告知学生跑动和颠球高度的要求；在安排站位时，应强调保持安全距离。

游戏作用：此游戏旨在锻炼学生的协调性和专注力，同时增强对网球的空间感知和控制能力。

六、我是特种兵

游戏方法:该游戏适宜5人以上的小组轮换进行。在场地上设置两条平行线作为起止线,长12米,间隔15米。学生按横排站立,间隔2米。在听到出发指令后,学生需按照教师的要求(如托球、颠球、拍球等)进行动作,并确保在行进过程中不失误。为增加游戏难度和趣味性,教师可以随时下达各种指令(如停下、后退、转圈、下蹲等),最先到达终点且未失误者获胜。

注意事项:在游戏过程中,学生之间应保持安全间距。教师的指令变化不宜过于频繁。

游戏作用:此游戏旨在锻炼学生的快速反应能力和协调性,同时增强对网球的空间感知和控制能力。

七、双人同行

游戏方法:该游戏适宜6人及以上(人数为双数)的小组进行,每次安排3~4组进行。在场地上设置两条平行线作为起止线,长10米,间隔12米。学生两人一组,一人担任主导者负责演示动作,另一人则负责模仿。游戏以教师的哨声为指令,双方可随时互换角色。在游戏中,学生可以尽情展示拍球、颠球、跑动、跳跃等多样动作,同时鼓励学生自主创新,设计新颖有趣的动作。

注意事项:在游戏过程中,学生应按照规定路线移动,并始终保持安全距离,防止意外发生。

游戏作用:此游戏旨在增添课堂趣味性,全面锻炼学生的运动能力,并激发其思维创新潜能。

八、我是狙击手

游戏方法:该游戏适宜10人以上参与,学生需分为两队,轮流担任攻防角色。在地面设置一个直径约为10米的大圆圈,用标志盘标明界线,一队在圈内,另一队在圈外。游戏开始后,圈外队伍成员手持网球向圈内队伍投掷,击中对方即得一分,被击中者需出圈;若网球被圈内队员接住,则圈内队伍得一分或救回一名失误队员。在规定时间内,得分高的一队获胜。

注意事项:投掷方在投掷时应以对方队员的躯干部位为目标。圈内队员在躲避投掷时需注意观察周围环境,避免受伤。

游戏作用:此游戏有助于提高学生的观察判断能力和移动协调能力。

九、捕鱼达人

游戏方法:该游戏适宜8人以上参与,在15米乘以15米的场地内进行。游戏开始时,选择一名或多名学生担任捕鱼人,负责抓捕其余学生。所有学生在游戏过程中需进行拍球、颠球或托球等动作。若作为鱼的学生被捕鱼人触碰到身体或球掉落,则转换为捕鱼人,参与抓捕;若捕鱼人在游戏过程中球掉落,则失去抓捕资格。

注意事项:在分组时需注意男女生的平衡分配。在游戏过程中,提醒学生注意避免相互冲撞,确保安全。

游戏作用:此游戏有助于锻炼学生的观察能力以及对球的控制能力。

十、雪糕化了

游戏方法:该游戏适宜6人以上参与,需在15米乘以15米的场地内展开一场刺激的追逃大战。游戏开始前,选定一人担任追者,其余人均为逃者。游戏开始后,所有参与者需进行拍球、颠球或托球等动作,但不得超出规定的区域范围。当逃者面临危险时,可立即原地站住并大喊一声“雪糕”以暂停移动,此时追者不得再追;追者可继续追逐其他逃者,但任何逃者均可前去营救已变成“雪糕”的同伴,只需轻拍他一下并高喊“雪糕化了”,即可重新投入游戏。若追者成功追到逃者,则双方需互换角色。

注意事项:在游戏过程中,注意避让,避免相互冲撞。

游戏作用:此游戏旨在提升学生的快速反应和观察能力,同时增强他们的身体协调性和控球技巧。

十一、点兵点将

游戏方法:该游戏适宜约10人的小组进行,在直径约8米的圆形场地内展开。学生需按顺序编号并站好位置,保持约1米的间距。游戏开始时,由指定的一人率先垂直朝天扔出网球并喊出号数,被叫到号数的同学需迅速接住球。若在球落地之前成功接住，则由其继续扔球并喊号；若未接住，接球人需立即去捡网球，同时其他同学应迅速向四处逃跑，当接球人捡起网球并同时呼喊"停"后，其他同学需立即停止跑动。随后，持球者可用球投向其他同学，一旦击中则判定对方失误，由对方扔球喊号；若未击中，则持球者失误，由其继续扔球喊号，如此循环进行。

注意事项：在扔球喊号时，请确保球扔得足够高且方向正确，喊号声需清晰响亮；若因听错号数而接球，则视为失误；持球者准备投掷时，被攻击者可进行躲闪，但双脚不得移动，否则同样视为失误。

游戏作用：此游戏有助于提升学生的快速反应和手眼协调能力，同时活跃课堂的氛围。

十二、不懈追击

游戏方法：该游戏适宜6~10人参与，选定一人作为猎人，其余同学均为猎物。在游戏过程中，所有参与者需沿场地标志线跑动，跑动过程中超出标志线或被猎人抓住，需转换为猎人继续追捕其他同学。

注意事项：在选定猎人时，需充分考虑各学生的跑动能力。在游戏过程中，提醒学生注意观察周围环境，提前规划跑动路线，避免发生碰撞。

游戏作用：此游戏旨在锻炼学生的灵敏性、协调性和速度素质，通过跑动和追逐的过程，加深学生对球场每条标志线的认识与记忆。

十三、精准打击

游戏方法：该游戏适宜10人以上参与，将学生分为两队围成一个直径约为4米的圆圈，圆心处设置一个桶。两队学生轮流向桶投球，投球方式不限，每投进一球得一分，最终分数高的一队获胜。

注意事项：游戏开始前需明确每人所持球数，以便于统计得分。

游戏作用：此游戏旨在提升学生的球性和对球落点的判断能力。

十四、快递运输

游戏方法：该游戏适宜多人分组进行。设定起止线间距约15米，将学生分组进行运球接力比赛。每名学生需在球拍上放置5个球。在运送过程中,学生需单手持拍柄,并完成指定的动作(如转圈、急停等)。最终运送球个数多的小组获胜。

注意事项:各小组应保持安全间距,指定动作不宜过于复杂或难度过大。

游戏作用:此游戏旨在提升学生在跑动中的平衡与协调能力。

第五章

“快易网球”我会赛

本章介绍了“快易网球”比赛的多方面内容，涵盖了比赛的基本规则、战术技巧的运用、专业术语的解析以及比赛中的礼仪规范。学生掌握了“快易网球”的基础技术后，参与简单规则的比赛，将进一步激发他们的学习热情与主动性。比赛是检验学生综合素质最直观且有效的方法，让学生在比赛中扮演不同的角色，不仅有助于提升他们的运动水平，更能让他们全方位地感受到网球运动带来的独特乐趣。

“三色球”比赛规则介绍

一、红球组

（1）红球组比赛采取小组单循环赛制，每组前两名晋级，之后通过交叉淘汰的方式决出最终冠军。

（2）红球组的小组赛和淘汰赛均采用单局抢11分制，不区分性别。

（3）每个小组将根据以下规则确定两名晋级选手，其他参赛选手则被淘汰。

①小组赛结束后，胜场数排名前两名选手将直接晋级。

②若小组赛结束后，有两名选手胜场数相同，则根据他们之间的胜负关系确定排名，胜者名次靠前，败者名次靠后。

③若小组赛结束后，有三名选手胜场数相同，则通过计算他们之间的净胜分来决定排名，净胜分最高的选手名次靠前，次高者名次稍后。

二、橙球组

（1）橙球组比赛采取小组单循环赛制，每组前两名晋级，之后通过交叉淘汰的方式决出最终冠军。

（2）橙球组的小组赛和淘汰赛均采用单局抢11分制，不区分性别。

（3）每个小组将根据以下规则确定两名晋级选手，其他参赛选手则被淘汰。

①小组赛结束后，胜场数排名前两名选手将直接晋级。

②若小组赛结束后，有两名选手胜场数相同，则根据他们之间的胜负关系确定排名，胜者名次靠前，败者名次靠后。

③若小组赛结束后，有三名选手胜场数相同，则通过计算他们之间的净胜分来决定排名，净胜分最高的选手名次靠前，次高者名次稍后。

三、绿球组

（1）绿球组比赛采取小组单循环赛制，每组前两名晋级，之后通过交叉淘汰的方式决出最终冠军。

（2）绿球组的小组赛和淘汰赛均采用四局无占先制。当双方局分达到3比3时，将进入抢七环节以决出胜负。

（3）每个小组将根据以下规则确定两名晋级选手，其他参赛选手则被淘汰。

①小组赛结束后，胜场数排名前两名选手将直接晋级。

②若小组赛结束后，有两名选手胜场数相同，则根据他们之间的胜负关系确定排名，胜者名次靠前，败者名次靠后。

③若小组赛结束后，有三名选手胜场数相同，则通过计算他们之间的净胜分来决定排名，净胜分最高的选手名次靠前，次高者名次稍后。

简单战术技巧

“快易网球”旨在以简洁高效的练习方式，助力初学者在轻松愉快的氛围中掌握网球运动的基本技术和战术，尽享网球带来的无限乐趣。在网球竞技场上，战术的运用无疑成为衡量运动员综合能力的重要指标，它直观地反映出运动员的身体素质、技术掌握程度、思维活跃度以及心理素质等多方面的优劣。基本技术作为构建战术的基石，其扎实程度直接影响战术效果的发挥；而战术则是对基本技术的巧妙运用与综合呈现，二者的相互促进使得技术与战术在网球运动中实现和谐共生。因此，我们必须高度重视技术与战术的均衡发展，以不断提升竞技水平。

一、战术制订与实施策略

“快易网球”的教学内容源于标准场地打法，经过场地规模缩减和技术环节简化后得以呈现。因此，在战术的制订与实施过程中，我们同样需要借鉴标准比赛的经验与原则。战术包括制订与实施两大环节。在战术制订阶段，运动员需通过观察对手的技术特点、站位习惯以及身体素质等方面，结合自身优势与对手弱点，精心策划出有针对性的战术方案；而在战术实施阶段，则需通过调整球的速度、落点、旋转方式以及运动轨迹等手段，将战术意图转化为实际行动。

具体来说，我们可以遵循以下三个方面的原则。

(一)善于观察，灵活应变

首先，要仔细观察对手的技术特点，比较其正反手击球、截击球以及发球技术的优劣(如正反手击球技术和截击球技术需要比较两者球速的快慢、击球的持续稳定性、主动变化击球路线的能力；发球技术主要观察对手的发球速度、发球的落点和发球的成功率)，从而洞察其技术的薄弱之处。其次，关注对手的站位习惯和击球路线，以便在比赛中针对性地调动对手，消耗其体力并制造得分机会。最后，还需关注对手的身体素质和协调性，通过针对性的战术安排来限制其发挥。

（二）攻守兼顾，发挥优势

在比赛中，我们要注重攻守转换的灵活性，避免一成不变的战术布局。要善于控制比赛节奏，充分发挥自身技术特长，利用擅长的技术攻击对手的薄弱之处，从而建立比赛优势并最终取得胜利。

（三）保持自信，展现风采

运动员的精神风貌和行为习惯对于形成自身风格具有重要意义。在比赛中，我们要保持自信心态，敢于拼搏、敢于挑战；通过综合运用各项技术、灵活调整战术布局以及高效掌控比赛节奏等手段，赢得比赛的胜利。

二、单打战术

网球单打比赛是展现运动员全面能力的重要舞台，它充分考验选手的技术水平、身体素质和意志品质，深受观众喜爱。在单打比赛中，常见的战术包括底线型战术和上网型战术，这些战术还可以进一步细化，具体如下。

（一）底线型战术

1. 前后左右调动

在网球比赛中，运用前后左右四个方向的击球落点变化是一种常用的战术手段。通过左前-右后、右前-左后等多变的击球路径，可以增加对手的跑动距离，从而有效消耗对手的体力和精力，使对方陷入被动，甚至产生失误或送出得分机会。前后移动相较于左右移动更加困难些。前后调动与左右调动相似，制造出足够的前后跑动距离同样能发挥显著的战术效果，只是操作难度稍高。

举例说明：球员A始终保持在底线中央位置，先将球击向球员B的右侧，待球员B回球后再将球击向其左侧，持续重复这一路线，使球员B在底线两侧进行大范围移动，从而消耗其体力，为自己创造得分机会。

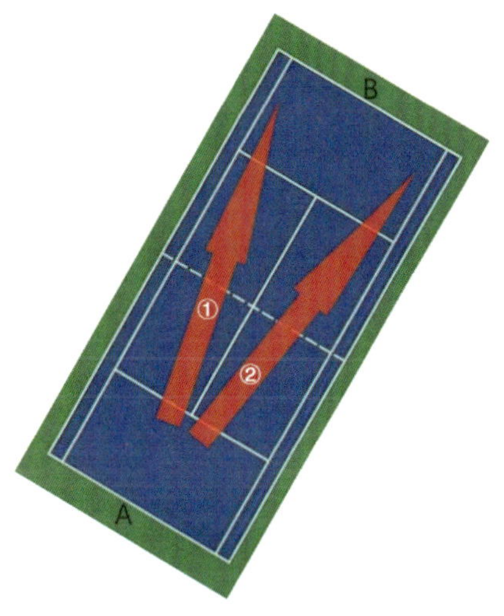

▶图5-2-1　左右分点调动示意图

球员A先将球击向球员B的右前方场区，使得球员B不得不迅速移动至场地的右前方位置，此时，球员B的左侧和后场出现了较大的空当，尤其是左后方这个点，是球员B场区距离最远的一个点，对于球员B而言，回球难度最大，是进攻的首选落点。

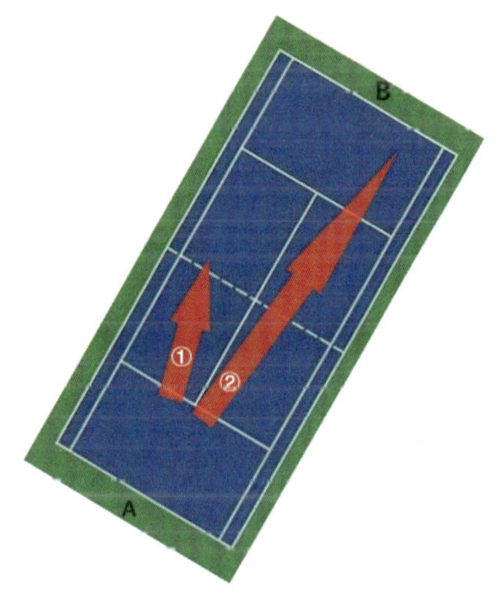

▶图5-2-2　右前、左后分点调动示意图

2.球质变化

球质涵盖了球速的快慢、旋转的强弱以及运动轨迹的高低等多个方面，巧妙地调整这些要素能够更有效地执行预设的比赛战术。因此，利用球质的变化来调控比赛节奏，是取得胜利的重要手段之一。在“快易网球”这类比赛中，鉴于场地条件的限制，我们更应注重球速与运动轨迹变化的结合，以实现最佳的比赛效果。

(二)上网型战术

1. 发球上网

发球上网根据发球落点的不同,可细分为四种不同的组合。

当发球站位位于场地1区(右侧)时,有两种战术选择。组合1:球员A可选择将球发向外角,随后迅速上网跑动至C位置。在这一过程中,球员A需特别留意防守己方场地的左侧三分之二区域,并灵活运用截击球技巧,将球精准地回击至对方(球员B)后半场左侧区域。

▶图5-2-3 发1区外角上网示意图

组合2:球员A在将球发向内角后,迅速上网跑动至C位置,并集中防守中间场区。仔细观察对方(球员B)的回球轨迹并将球截击至边线附近的场区。

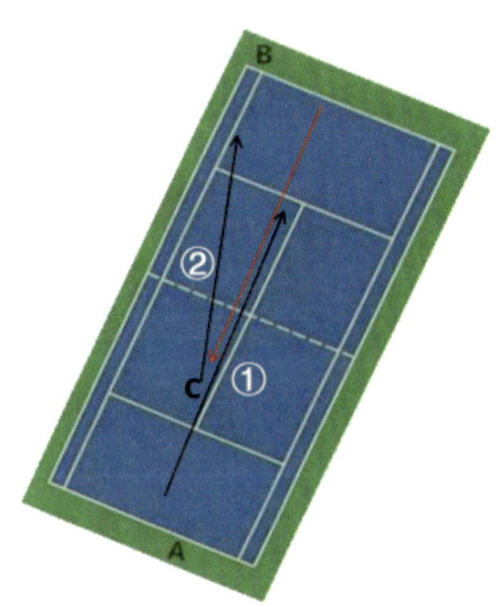

▶图5-2-4 发1区内角上网示意图

当发球站位位于2区(左侧)时,有两种战术选择。组合1:球员A可选择将球发向外角,随后迅速上网跑动至C位置。在此过程中,务必留意防守己方右侧的三分之二场区,并通过截击球技巧,将球回击至对方(球员B)后半场右侧区域。

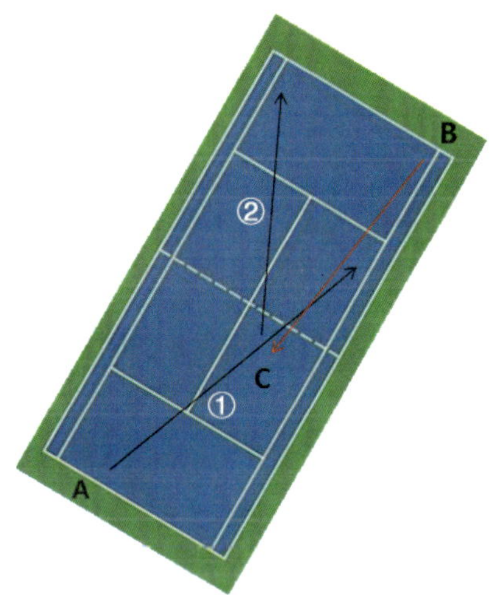

▶图5-2-5 发2区外角上网示意图

组合2:球员A在将球发向内角后,迅速上网跑动至C位置,并集中防守中间场区。仔细观察对方(球员B)的回球轨迹并将球截击至边线附近的场区。

▶图5-2-6 发2区内角上网示意图

2.接发球上网

在接发球时,应根据对方的发球落点灵活选择回球方向。通常,选择将球回击至距离对方发球位置最远的落点,通过增加对方的跑动距离,为自己赢得更多上网的时间。一旦成功上网,需密切观察对方的击球动作,预判回球的质量和路线,并做好截击球的准备。

与发球上网战术一样，接发球上网同样可以灵活组合多种战术。这里简单举例说明，当球员A在1区发球至外角时，球员B回击直线球并向前跑动至C位置，做好截击球的准备。此时，球员A可能会向场地左侧移动，按路线③回球，留下右侧场区的空白区域。球员B可按路线④将球截击至边线处，创造得分机会。

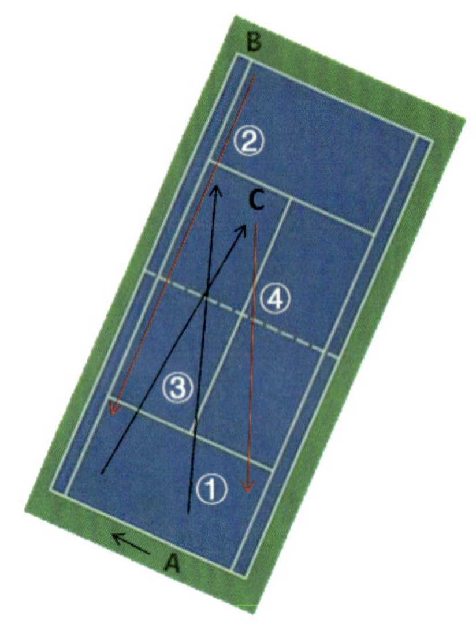

▶图5-2-7　接发球上网示意图

3. 随球上网

在网球比赛中，随球上网是一项重要的战术，它要求选手根据场上局势，巧妙地把握时机，迅速移动到网前，以获取更有利的得分机会。例如，在底线相持过程中，一旦观察到对方回球落点偏前、球速减缓等有利态势，我们可以主动采取放短球、发力击球或将球击至对方最远端等策略，为自己创造优势，进而迅速移至网前，力求得分。

随球上网战术既可以是主动发起的，也可以是被动应对的，但主动上网更具优势。以主动放短球为例，具体战术实施如下：假设球员A在1区发球至内角，球员B回以直线球至边线附近，此时球员A迅速移动，主动放出一记对角短球，并立即向前冲刺至C位置。由于球员B需要向左前方跑动较长距离，其回球质量很可能受到影响，出现失误的概率较高。此时，球员A已做好准备，一旦对方回球出现破绽，便可沿路线⑤将球击回至另一侧对角底线附近，从而成功得分。

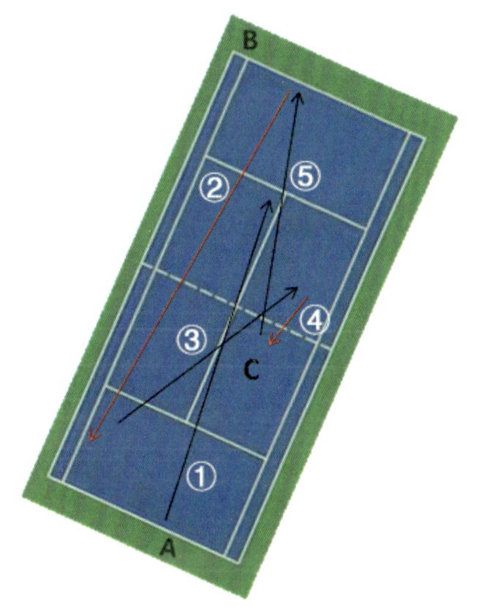

▶图5-2-8 主动放短球随球上网示意图

三、双打战术

双打比赛以其快速的节奏和丰富的变化著称，对运动员的基本技术以及彼此间的默契配合有着极高的要求。因此，双打搭档间必须建立起深厚的信任，相互鼓励，以发挥出最佳水平。站位在双打比赛中显得尤为重要，运动员可根据自身的特点和对手的战术，灵活调整站位。

双打比赛中的得分机会多集中于中前场，因此，网前技术精湛的运动员在比赛中更具优势。运动员应善于捕捉时机，利用网前技术创造得分机会。在比赛前，应根据双方队员的特点制订战术预案，确保思想统一、方法一致；在比赛中，则要与搭档保持密切沟通，每一分开始前都要进行商议，以便战术的顺利实施和调整。

（一）前后站位

前后站位是一种常见的双打站位方式，其中一名运动员位于底线靠近边线处，另一名则守在网前。这种站位方式既能够兼顾进攻，又能有效防守，是比赛中的常用战术。发球时，底线发球员可利用站位优势发出大角度球，增加对方回球难度，为网前搭档创造得分机会；接发球时，底线球员则应根据对方发球特点灵活调整站位，确保防守稳固。

相较于单打比赛，双打比赛在战术布置上更具多样性。以发球抢网战术为例，球员A将球发至内角，对方球员B通常会按路线②进行回球，此时球员C需迅速观察并准备拦截，将球击向对方球员 B 和 D 的空白区域得分。

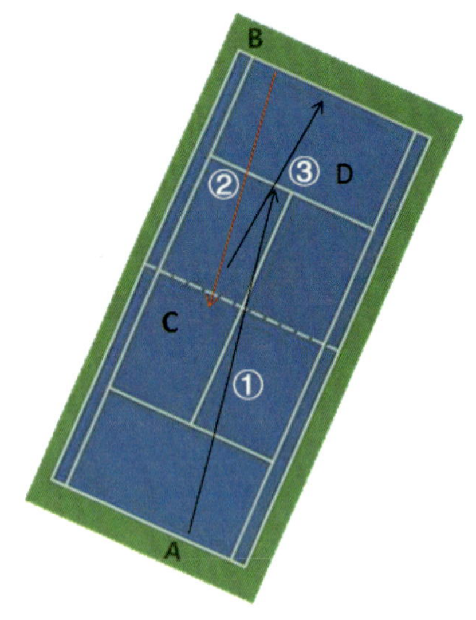

▶图 5-2-9　发球抢网示意图

（二）双底线站位

双底线站位多见于网前技术不成熟的初学者的比赛中。在这种站位中，无论发球还是接发球，两位搭档都站在各自半区的底线附近。

这种站位主要侧重于防守反击，通过灵活调整位置来创造得分机会。例如，球员 A 和 C 可通过挑高球的方式将球员 B 和 D 压制在底线附近，使其难以发力击球，从而降低回球质量。此时，球员 A 和 C 或其中一人便可伺机上前寻找得分机会。

▶图 5-2-10　双底线站位示意图

网球比赛中的专业术语解析

一、网球比赛类型

单打(Singles):包括男子单打和女子单打,即每方只有一名选手参赛。

双打(Doubles):包括男子双打和女子双打,即每方有两名选手共同参赛。

混合双打(Mixed doubles):由一名男子选手和一名女子选手组成的双打比赛,双方对阵均为这种组合。

二、比赛计分规则

分(Point):每局比赛中的得分情况。

0分(Love):每局比赛的起始分,0比0。

15分(Fifteen):每局比赛一方所得的第一分记为15。

30分(Thirty):每局比赛一方所得的第二分记为30。

40分(Forty):每局比赛一方所得的第三分记为40。

15平(Fifteen all):每局比赛双方各得一分。

30平(Thirty all):每局比赛双方各得两分。

平分(Deuce):双方比分为40比40时,此时称为平分,在这个阶段,首先连续获得两分的一方获得该局的胜利。

占先(Advantage):在平分后,若一方再得一分,则称该方占先,此时若该方再得一分,则赢得本局比赛。

发球占先(Advantage server):发球方在平分后占先得分的情况。

接发得分(Advantage receiver):接发球方在平分后占先得分的情况。

局(Game):每盘比赛由若干局组成。

局点(Game point):当一方再得一分即可赢得本局比赛时,该方达到局点。

盘(Set):一场比赛由若干盘组成。

盘点(Set point):当一方再得一分即可赢得本盘比赛时,该方达到盘点。

赛点(Match point):当一方再得一分即可赢得整场比赛时,该方达到赛点。

破发点(Break point):在对手发球局中,接发球者再得一分就可以取得胜利时,称为破发点。

三、比赛赛制

三盘两胜(The best of three):每场比赛共进行三盘,当其中一方率先赢得两盘比赛时,则赢得该场比赛,此赛制被称为三盘两胜。

五盘三胜(The best of five):每场比赛共进行五盘,当其中一方率先赢得三盘比赛时,则赢得该场比赛,此赛制被称为五盘三胜。

抢七局(Tie-break):当双方在一盘比赛中的比分达到6比6时,将进行抢七局以决定该盘的胜者。在抢七局中,一方必须获得7分且领先2分才能获得胜利。

决赛(Final):争夺冠军的比赛。

四、发球规则

发球直接得分(Ace):对局双方中一方发球,球落在有效区内,但对方却没有触及球而使之直接得分。

发球失误(Fault):发球未能过网或落在有效区域之外。

双误(Double fault):每位选手的每次发球都有两次机会,若两次发球均出现失误,则称为双误。

擦网重发球(Let):发球时若球擦网且落在有效区域内,该发球将被视为无效,需重新进行发球。

脚误(Foot fault):在发球过程中,若选手在球拍接触球之前提前踩线或进入场地内,则视为脚误。

交换发球(Change service):比赛中,每局比赛由一人负责发球,一局结束后将交换发球权。

五、比赛过程规定

重赛(Replay):在比赛中,因裁判误判、球员成功发起阴影挑战或受到严重不文明现象干扰等情况,可以重赛,但仅限于当前分数的重赛。

“活球”期(Ball in play):自球发出时起(除失误或重发外),至该分胜负判定时止,为“活球”期。

压线球(Ball falls on line):比赛中,落在线上的球都算界内球,该球将被视为有效得分。

两跳(Not up):若对方打来的球在第一次落地之后再次落地,则此球被视为落地两次,对方得分。

身体触网(Body touch):在击球过程中,若球员身体触碰到球网,将被视为违规。

网球比赛中的礼仪

网球，一直被誉为“优雅运动”的代表，其独特的绅士气质使得网球场上的礼仪成为网球文化中不可或缺的一环。

一、球员礼仪

（一）着装规范

参与网球活动时，球员应穿着运动服装，尤其是网球专用服装，以确保运动的舒适性和专业性。考虑到运动中的动作幅度以及气候因素，球员应备有网球长套服（冬季则为厚绒）及网球短服。同时，球员所穿的运动鞋应为非碳黑底，以避免在网球场地上留下痕迹。此外，严禁穿硬底鞋或高跟鞋进入场地。

（二）衣物放置

网球场边设置的座椅，主要用于供球员休息使用。球员随身携带的衣物应整齐地放入运动包内，并放置于网球场边的地面上，避免占用座椅，以免影响其他球员的休息。此外，严禁将衣物搭放在球网上。

（三）控制“噪声”

在此，“噪声”主要指手机铃声及嘈杂的交谈声。网球运动需要一个安静的环境，因此，球员在比赛期间应将手机调至静音状态。即使在活动间歇需要接打电话时，也应尽量言简意赅，避免影响其他球员的比赛。

（四）报分

在每局比赛中，报分的职责归属于该局发球运动员。报分时需确保声音响亮而清晰，以便对方能够清晰地听到。在双打比赛中，若因场地周围嘈杂环境导致对方无法完全听清报分，那么发球者的搭档应当负责重复报分，以确保对方能够确切地听到。

（五）球出界的判决

球是否出界的判定，以接球方的判断为准。当球出界时，接球方应使用非握拍手上举并同时喊出“出界”。若接球方在处理靠近边线的界内球时失误，则应使用非握拍手指向地面并喊出“界内”。一旦接球方对球是否出界做出明确的判决，对方不得对接球方的判决提出任何疑议或异议。特别是在业余爱好者比赛中，多采取信任制，因此，运动员在球的判定上应秉持实事求是的原则。

（六）发球

发球员在准备发球前，应准备两个球，一个放在非握拍手一侧的兜里（穿无兜网球裙的女士则放在腰间的球卡中），另一个握在手中。切勿因一个球滚得较远而懒得立即去捡，只拿一个球就匆忙发球。发球时，发球员必须等待接发球方完全做好准备后再开始发球。

（七）发球失误时球的处理

在比赛中，若第一次发球失误，接近球者需迅速将球击至网底，使其稳稳停住，或将球击至边界外不影响继续比赛的位置。第一次发球失误的球，无需打回给发球人。无论是第一次还是第二次发球出现“擦网”情况，接球方都应迅速将球打回给发球人。

（八）递球

在需要将球递给对方时，应以下手击球的方式，以适当的速度和弧度将球击出，使球落地一次后弹起的位置恰好能让接球者在不移动的情况下轻易用球拍接触到。递球时，不得使用过轻的力量，使球过网后以极慢的速度多次落地后才到达接球者附近；也不得用力过猛，自上而下将球击向地面，使球以过快的速度到达接球者附近；更不得将球击向高空，使球落地后再以高弧度缓慢到达接球者附近。若需递两个球给对方，应确保两个球击出的时间间隔适当，以便对方能够从容地接到第二个球。在双打比赛中，若同一方的两名运动员各持一球需递给对方同一名运动员，递球者之间应相互示意击球顺序，以免接球方因同时接到两个球而手忙脚乱。

(九)比赛结束

比赛结束后,双方运动员应握手致意,并分别与裁判员握手致谢,以示对比赛的尊重和对他人的礼貌。

二、观众礼仪

(1)在球员发球时,请务必避免使用闪光灯拍照,更不可发出声音以干扰发球动作,确保比赛的顺利进行。

(2)在观看比赛时,请尽量保持安静,特别是在活球期间,切勿随意交谈、进食、喝彩和鼓掌等,以免对运动员的比赛造成干扰。

(3)请勿擅自进入正在比赛中的场地,以免干扰比赛秩序。

(4)观众应给双方球员平等的支持和鼓励,避免喝倒彩。

参考文献

[1]文礼波．谈“快易网球”的教学理念和教学方法在高校网球课上的运用[J]．科教文汇(下旬刊),2012(21):143-144.

[2]张旭辉．浅析新时期高校网球教学理念[J]．当代体育科技,2012,2(35):49-50.

[3]江道华．由“快易”课程法引发对小学体育教育的思考[J]．文体用品与科技,2021(01):170-171.

[4]辛怡．基于“快易”理念的小学排球课教学设计与行动研究[D]．北京:首都体育学院,2022.

[5]宋琳．青少年“快易网球”推广价值研究[D]．吉林:吉林体育学院,2018.

[6]杜丽明,陈延柯．浅析网球文化及发展历史[J]．当代体育科技,2017,7(10):224-225.

[7]姚鑫．快易网球在武汉市高职高专院校网球选修课中的应用研究[D]．湖北:武汉体育学院,2015.

[8]尹长春．浅谈网球运动的发展、特点及身体训练[J]．当代体育科技,2012,2(06):23-24.

[9]田园．当今网球文化对四川竞技网球的启示[J]．当代体育科技,2012,2(36):8-9+11.

[10]宇文．网球——传承文明的优雅运动[J]．文体用品与科技,2011(01):26-29.

[11]周惠．“快易+合作学习”教学法对大学生网球运动技能与体育获得感的影响研究[D]．重庆:西南大学,2024.

[12]董申翔．我国体育院校有关网球教学因素的调查研究[D]．北京:北京体育大学,2013．

[13]王雨．影响重庆市普通高校大学生参与网球运动的相关因素及对策研究[D]．重庆:西南大学,2011．

[14]满翠苹．Play&Stay在小学网球课堂教学中应用的可行性研究[J]．青少年体育,2015(07):74-75+79．

[15]李亮,刘艳．对普通高校网球选修课利用快易网球创新教学的思考[J]．南京体育学院学报(自然科学版),2012,11(05):120-123．

[16]夏露．合作学习在小学网球教学中的运用[J]．青少年体育,2012(02):88-90．

[17]周守友,何建伟．快易网球推广价值及其构建途径研究[J]．西昌学院学报(自然科学版),2010,24(04):120-124．

[18]林宝升,杜翔宇,朱小芳．快易网球教学法在高校体育公共课网球教学中的实验研究[J]．网球天地,2022(10):83-85．

[19]张庆新,陈雁飞．新课标视域下体育大单元教学的内涵、设计依据与要点[J]．首都体育学院学报,2022,34(03):275-282．

[20]阎智力,王世芳．中国百年学校体育思想与课程目标的比较[J]．辽宁师范大学学报(社会科学版),2009,32(02):74-78．

[21]王明,杨桐．浅谈快易网球教学理念[J]．文体用品与科技,2011(01):50．

[22]裴绍志,杨岚,吕俊杰,等．体育与健康大单元及课时教学计划设计的思与行——以四年级垫上技巧为例[J]．中国学校体育,2022,41(07):14-31．

[23]姜国翠．基于大概念的初中历史单元教学设计研究[D]．内蒙古:内蒙古师范大学,2024．

[24]黄欣．快易网球教学法在普通高中的应用研究[D]．重庆:重庆大学,2021．

[25]聂上伟．青少年羽毛球培训市场发展现状及对策研究[J]．体育世界(学术版),2018(12):46-47．

[26]安姝榕．高中思想政治课大单元教学实施策略研究[D]．吉林:东北师范大学,2023．

[27]聂婷婷．体育游戏在中学网球教学中应用效果的研究[D]．湖北:武汉体育学院,2024．

[28]范旭东.灵敏素质测试仪的开发与评价标准体系构建的研究[J].广州体育学院学报,2012,32(01):90-93.

[29]朱中尧.论发展网球班学生速度素质的教学方法[J].体育世界(学术版),2016(09):128-129.

[30]刘洋.散打体能与训练系统结构研究[J].搏击(武术科学),2011,8(05):53-55.

[31]唐小梅.PNF法对7~8岁网球学生柔韧素质影响的实验研究[D].广东:广州体育学院,2023.

[32]陈勇.基础专项练习在短跑训练中实施策略[J].作文成功之路(中),2014(02):26.

[33]李金波.简论青少年短跑运动技术的训练方法[J].青春岁月,2012(10):193.

[34]黄冬梅.简述高中立定三级跳远辅助练习方法与手段[J].运动,2016(09):124-125.

[35]李军.运动员身体素质训练的几点体会[J].考试周刊,2013(A0):112-113.

[36]李郑立,吴雪清.《国家学生体质健康标准》实施中存在的问题及对策[J].当代体育科技,2014,4(35):101-102.

[37]张荣文,亓恩来.100m起跑"动作速度"十八分钟有效练习方法[J].中国学校体育,2020,39(02):55-56.

[38]张好迪.功能性训练对挺身式跳远技术教学效果影响的实验研究[D].山东:山东师范大学,2020.

[39]赵厦.大金属地掷球连续抛击转身技术分析[J].文体用品与科技,2021(08):27-29.

[40]李维.最简单的健身运动——跑步[J].当代体育科技,2012,2(05):93-96.

[41]陈忠锋,刘朝春.小篮球运动对晋城市儿童身体素质的影响[J].体育视野,2021(19):10-12.

[42]黄继章.体育游戏教学漫谈[J].考试周刊,2007(23):100-101.

[43]王楠楠.核心素养导向下的高中历史大单元教学设计研究[D].安徽:阜阳师范大学,2024.